江苏当代作家评传丛书
丁帆——主编

贺仲明 著

胡石言评传

江苏凤凰文艺出版社

图书在版编目（CIP）数据

胡石言评传 / 贺仲明著. — 南京：江苏凤凰文艺出版社，2019.11
（江苏当代作家评传丛书）
ISBN 978-7-5594-3822-5

Ⅰ.①胡… Ⅱ.①贺… Ⅲ.①胡石言－评传 Ⅳ.①K825.6

中国版本图书馆 CIP 数据核字(2019)第 114985 号

胡石言评传

贺仲明 著

出 版 人	张在健
总 策 划	韩松林
特约编审	张王飞
责任编辑	查品才
装帧设计	刘 俊
责任印制	刘 巍
出版发行	江苏凤凰文艺出版社
	南京市中央路 165 号，邮编：210009
网 址	http://www.jswenyi.com
印 刷	苏州越洋印刷有限公司
开 本	718 mm×1000 mm 1/16
印 张	13.25
字 数	164千字
版 次	2019 年 11 月第 1 版 2019 年 11 月第 1 次印刷
书 号	ISBN 978-7-5594-3822-5
定 价	68.00 元

江苏凤凰文艺版图书凡印刷、装订错误可随时向承印厂调换

"江苏当代作家研究中心"研究丛书
编委会

主　任　王燕文
副主任　徐　宁　范小青　韩松林
委　员　丁　帆　王　尧　王彬彬　朱晓进
　　　　李敬泽　吴　俊　吴义勤　汪　政
　　　　张王飞　张红军　施战军　贾梦玮
　　　　阎晶明

目录

1　绪论　作为时代个体的作家
10　第一章　传统与现代：家世与教育
41　第二章　重要的人生选择：从军与从文
70　第三章　《柳堡的故事》：时代与个人的契合
106　第四章　艰难时代：困厄中的生存
120　第五章　未完成的涅槃：超越与束缚
162　第六章　有遗憾的辉煌：晚年代表作
179　第七章　回归历史：创作总论及批评研究
194　胡石言创作年表
203　后记

"一个时期有一个时期的倾向、特有的偏见与心理病症，一个时代就像一个人，它的意识观有自己的局限，所以需要补偿性的调整。"

——荣格《心理学与文学》

绪论　作为时代个体的作家

　　现代历史最突出的特点就是发现了人，或者说发现了普通人。正如鲁迅所批判的，中国古代历史主要是帝王将相的历史，只关注政治地位特殊或军事能力出众的个人，却完全将普通大众忽略。但进入现代文明社会以后，在现代民主思想的影响和启迪下，普通人的价值得到越来越充分的重视和显现。在现代历史学的视野中，历史不再是宫廷权力争夺史，也不只是英雄战争史，而是整个的文明发展史和文化演变史，在这些历史当中，普通个人所起的作用远远超过所谓的帝王和英雄们。

　　历史学的影响不只是局限在学科之内，还延展到社会文化整体。最典型的是，以20世纪法国年鉴学派为代表的新历史学家们对思想史、文化史研究的深刻影响。历史学家们开始将书写的视野下放到普通大众中，并关注、搜集、研究那些看起来琐屑卑微的大众日常生活历史。在其影响下，思想学界也发生了重大的转变。中国当代思想史学家葛兆光的《中国思想史》就一改传统思想史以各时代思想家为中心的结构方式，转而将大量篇幅给予不同时代的社会潮流，也就是普通大众的思想和生活。虽然对于那些习惯于背诵著名思想家的概念和警句的人来说，这种结构方式会有些异样，但它无疑更切近历史发展的原始面目，也更利于我们捕捉到历史过程中具有生命气息的细微触角。因为确实，所谓的正史往往有着太多的遮蔽、虚饰和扭曲，民间的生活记忆反而会更真切、朴实而可靠。只要抹去历史记忆中的几许灰尘，人们和历史真相之间的距离会更切近。

与之相应，人们在对历史人物的关注中，也出现了类似的趋势。那就是越来越不将历史人物看做是凌驾于历史之上的特异者，而是关注历史环境给予他的制约和影响，真正把人还原到其生存的具体历史语境中。换句话说，在很多历史人物传记者的笔下，人物历史已经不再是纯粹个人的历史，它同时也是时代的文化风俗史和社会心态史。

文学历史的书写也自然受这一风潮的感染。与思想史一样，以往的文学史书写也主要存在两种书写方式：一种是侧重名家，也就是关注那些著名的作家和作品，从纯粹文学的经典性上来把握和记录文学历史——事实上就是文学经典的历史；另一种则是社会性的文学生态史，还原文学创作的原始环境和基本状貌。它所侧重的不是文学的内在质素，而是外部的生长和影响过程，以及与社会文化各方面的互动关系。在后一种文学史的视野下，其书写的对象已经不限于名家名篇，那些被纯文学史遗忘却具有重大历史影响的作家作品反而更有意义。同样，那些被时代围限、没有做出突出成就的作家个体，如果从纯文学发展角度来看，似乎不具备被充分关注的价值，但从文学生态历史角度说，要了解一时代文学的真实状况，以及更透彻地剖析时代与个人之间的复杂关系，这样的作家个体却是很有意义的，甚至比那种创作成就更高，但时代环境却比较平和的作家具有更充分的认识意义。

所以，任何时期的纯文学史都只会记录数量非常有限的一些作家作品，更多的创作者和文学作品都会湮没于历史的洪流之中。但那些被排除出文学史之外的作家自有其关注价值。因为我们对作家的认识不只是局限于文学内部，也包含思想、心态、文化等多个层面。就像在生活中，一个作家不仅仅只是作为一个文学创作者而存在，他（她）同时也是一个儿子（女儿）、丈夫（妻子）、父亲（母亲），一个城市居民或农民……他的生活角色多样，生活内容也远远不只是局限在一个作家的范围之内。

所以，我们看到文学史上一个个闪光的名字的时候，很可能会自觉不自觉地给他们蒙上炫目的光环，而忽略掉他们其实也是普通的个人，也是具体时代中生活的人。他们也有烦恼，有痛苦和坎坷，甚至因为他们是优秀的作家，就更难以适应现实生活的规则，遇到的困难坎坷会比一般人更多，而且，他们也有弱点，甚至存在某些缺陷。

这样的理解，能够让我们对历史中的作家个体生存有更多了解之同情，也能够更好地通过作家以认识时代。我们一方面当然应该对这些作家充满敬意，但另一方面，我们也不应该苛求他们，不要将他们的生活理解为完美无缺、一帆风顺，也不要将他们当做笔下的文学人物一样去看待和衡量。更重要的是，这样的理解方式，可以通过对作家的透析而更清晰地认识一个时代。在这一意义上说，作家是时代独特而真实的缩影，无论著名作家，还是无名作家，都是如此。因为他们都是文学创作者，尽管能力不同，成就不一，但都以自己的文学创作与时代构成丰富而独特的联系。

所以，作为整体来说，作家在社会文化中有其突出的时代意义，从个体来说，他们中的许多人也具有很强的社会学和文化学意义，值得研究和思索。无论是在平常还是特殊时期，作家与个人之间总是存在比较复杂的张力关系。特别是外在环境对文学限制相对严厉的时代，这种张力关系更为突出，也更值得探究。诸如他们如何避开时代的限制，以及如何经受内心的煎熬，在政治与文学的夹缝中生存，在创作中如何"戴着镣铐跳舞"，或者是无奈地放弃自我，以及在有限的空间中如何做出最大限度的努力和探索……无论是喜剧还是悲剧，是成功还是失败，都具有可探究的多方面内涵。

中国当代文学中的"十七年"，特别是"文革"，应该可以算作这样的时期。虽然我们不应该对这期间的所有文化都予以否定，但毫无疑问，这时期的政治对文学的要求更严厉，规范也更严密，作家能够得到的创作自由更有限，空间更为逼仄。正因为这样，人们对这时期的文学创作水准有较普遍的贬斥和质疑，真正能够进入文学史的作家作品为数相当有限。

但是，这时期的许多作家作品依然非常值得思考和研究，甚至可以说，他（它）们的价值已经远远不只是在于其本身，而是足以对整个中国当代文学史、现代文学史，乃至整个中国文学史都构成一定的启迪意义。

因为最简单的理由，任何历史都是由人推动和构成的。在人与历史的关系中，人不都是被动者，而是具有很强的主观能动性。这既是人生存的意义所在，也是人应该承担的责任。按照存在主义的思想，既然人可以选择，就应该承担选择的责任，无可逃避。因此，我们在思考历史，以及历史中的个人的时候，就不能将什么都推给历史本身，推给各种客观条件和原因，而是要去多方面思考其背后的个人主观因素。在历史中，每一个人都有自己的生存故事，有自己的顺境、逆境，有自己的追随和努力，也有自己的犹豫和迷茫。特别是作家群体在情感上更为敏感和复杂，也更能典型地折射时代的集体心态和思想。在"十七年"和"文革"时期，这种作家个体生存与时代的关系，完全具有成为中国历史，特别是现当代历史典型个案的价值意义，对他（它）们的研究，应该成为中国当代文学研究的重要内容之一。

比如说《艳阳天》和《金光大道》的作者浩然，他的创作和思想被人们认为与时代思潮高度一致，是两个时期的时代楷模，因此其创作在今天也基本上被否定。但细致思考，更值得探究的，是浩然为什么会与时代达成如此高度的契合，为什么在"文革"时期，他成为几乎唯一被认可的当代作家？这绝非偶然，而是有很复杂的、超越于文学之上的多重因素。那么，这些因素，哪一些属于作家个体方面，哪一些又属于时代方面，哪一些是时代的共症，哪一些又是个别的、偶然性因素？这种情况形成的机制背后哪些与文学有关，哪些又涉及知识分子文化关系等等，都很有思考的价值。

浩然当然是极端个案。生活在那个时代的人与时代之间更多的是和谐与矛盾共存。其中，有一些人完全不适应于时代，最终成为时代的牺牲者，也有些人能够很好地调整自己，基本能够跟随时代的步伐。这些人的表现不像浩然那么典型突出，但却更能够代表时代当中的"沉默的大多数"，也就是历史中的群体声音。如果要考察和认识时代文化和思想状貌，对这些人的研究就很有价值，或者说，他们更能代表一个时代的集体共相。

这是我选择给这本书的传主——胡石言——写作评传的重要理由。也就是说，尽管我知道胡石言不是一个知名度很高的作家，现有的各种文学史也很少对他进行细致关注，但是我认为，他非常值得我们去思考和探究。我所希望的是，为他撰写的这部评传，既能够让我们深入地了解胡石言这个个体，更能够通过他来深入了解一代人在转折时代的心境和成长历程，进而更多地了解他所生活的时代，以及那个时代更广泛的精神和灵魂。

事实上，在这本书的写作过程中，我个人也确实获益匪浅。作为一个1960年代中期出生的人，我原本只有对"文革"后期不清晰的部分记忆，对"十七年"和更早的时代则完全陌生。或者说，对于那些并不遥远的历史，我只知道一些没有血肉和灵魂的历史概念，只能记住哪一年发生了什么运动、什么事件，却对那些历史中的生活者缺乏真正深入的了解，不了解他（她）们究竟是如何生活，有什么样的心理状态（其中也包括我自己的父母亲，也许就是由于所谓的"代沟"吧，我很少去关注他们那段时间的生活，他们也很少与我进行这方面的交流）。

通过深入地阅读胡石言的作品、日记、书信，通过与他夫人、女儿等的采访和交谈，我毫无疑问更真切地了解了一个作家——事实上不只是一个作家，更是一个人，一个活生生的人。对他创作中的选择、困惑，我固然有所感受，对他在历史中的彷徨、喜悦，我也大体能够理解。当然，这个过程还能让我感受到历史真正的鲜活，通过人而感受到时代风云的复杂变幻。

胡石言的生活和创作都具有某方面的典型意义。其一，这源于他的成长和创作经历。一方面，他出身于书香世家，传统文化素养和传统伦理影响比较深厚，与同时期在创作界居主流位置的工农兵作家不大一样。这样，在与时代文化的关系中，胡石言的心态轨迹就具有了某种特殊性；另一方面，他既经历了"文革"，又经历了"文革"后的改革开放、思想多元时代，而且，在思想和创作上都发生了较大的变化，取得了对自我的许多突破。由于时代文化的原因，我们的文学史和文化史多关注他们这一代作家的"文革"前生活和创作，而对已经处于生命晚年的他们缺乏足够的兴趣，除了有限的个案，如冰心、巴金、孙犁等，作家们的晚年被普遍忽略。事实上，作家们的这些变化中有很多因素足以形成对历史的深刻反思，值得仔细思量。

其二，胡石言的生活和思想道路颇具有一代人的共同特征。许多与他同龄的作家，比如贺敬之、魏巍、柯岩、韦君宜等等，所经历的生活道路与他大体相似。他们大都出身于比较富庶的家庭，接受过一定的传统教育，都是在革命文化的熏陶下走上革命道路。他们的文学思想、文学观念都与革命时代息息相关，也从自己不同的经历和思想层面折射出与革命文化之间的关系。无论是从革命文学的角度，还是从文学本身的角度，这一代人的道路都值得关注和思考。

除了对传主个人的兴趣，我写作这部传记，还与我对文学史，特别是对当代文学史的某些认识有关。我一直以为，文学尽管由作家创造，但是文学史的核心只能是文学，是各种各样的经典文学作品，而不应该是作家轶事的历史，更不是政治、思想或文化的历史。但是，当前的当代文学史研究和书写在这方面存在比较明显的不足。

其一是忽略对文学作品文学性的挖掘，更多侧重于思想文化以及作家生活方面。一些学者认为，文学史的中心在作家，因此，展示其思想和生活细节，乃至去寻觅和捕捉其遗闻轶事，就成了文学史教材和课堂的中心。但这种看法显然误导了我们对于文学作品和作家主次关系的认知。文学史的价值在于文学作品，而不是作家。这就如人们常说的（似乎始创者是钱锺书先生），读者读优秀作品，就如吃了美味的鸡蛋，他又有什么必要去认识那只下蛋的鸡呢？而且，这里还涉及了一个很关键的问题，就是所谓的作家轶事的真实性。特别是在商业文化气息浓郁的当下，许多所谓的轶事都不具备真正的可靠性，而是包含很多炒作和夸大的成分。在这种情况下，其实很难保证其真实性。以这种所谓的轶事来充斥文学史教材和课堂，可能一时会得到学生的欢迎，但对于真正的文学历史来说则无异于灾难。

其二，缺乏细致的文学历史审视，很多判断依然停留在当时文学批评层面。以对1980年代文学的认识和书写为例。1980年代是一个逐渐打破十年"文革"所形成严酷坚冰的艰难过程，因此，其间的曲折和波折很多。特别是20世纪80年代初，许多文学活动和判断都带有时代的艰难与妥协的印迹，包括创作，包括文学评论、文学思潮，也包括文学评奖等等，带有很深的时代局限的印记。正因如此，学术界早就有学者提出了"重审80年代"或"重回80年代"的口号，但是，从目前看，取得的研究成果还远不能让人满意。其中一个重要的原因是缺乏对这一时期作家的深入了解，特别是对外部文学环境与作家之间的关系缺乏细致的梳理和辨析，以及缺乏真正的"同情之了解"。所以，对于书写这段历史的文学史家来说，重新审视、选择和甄别其文学作品的价值，特别是对作家和社会文化关系的深入探究，都是有待完成的工作。

所以，在本评传的写作中，在充分尊重传主个人前提下，我努力拥有三个方面的创作意识：

一是时代意识。就是充分关注传主所生活的时代背景，努力将传主的生活、思想和创作，特别是它们所发生的变化，与时代具体环境结合起来考察。在社会变动比较剧烈的时代，绝大多数人的个人命运都会被时代所裹挟，自觉不自觉地成为大时代变动中的一部分。如此对作家影响的环境，脱离时代来谈个人绝对是不合适的，只有对时代有充分的关注，将个人充分置于时代环境之下，才会真正深入地认识个人的道路选择，也才能对他们抱有更多的理解和同情。在此思想前提下，本评传不是突出传主的神奇一面，相反，而是努力还原其作为普通人的另一面，还原真实个人的生存状况，以及在复杂时代环境中的心理状态。

二是群体意识。即将传主与同时代的同龄人进行关联和比较。因为我以为，文学固然是个人的产物，特别卓异的个人也可能突破时代局限，但是绝大多数人都会受到时代文化的太多制约，只能是时代文化的产物，特别是在比较严厉的客观环境下。在一定程度上，在这样环境下生存的个人，其实已经不完全呈现为个人思想状态，而是主要呈现为时代群体思想身份。或者说，群体特征已经在总体上凌驾、超越和遮蔽了个人的独立思想特征。在这样的情况下，探求时代性的群体特征，并对它进行剖析，也是对个人精神另一个角度的透视。

三是文学主体意识。在距离胡石言出生已经将近一个世纪的今天，我们之所以还关注他，没有其他的原因，只是因为他创作了《柳堡的故事》《秋雪湖之恋》等在文学史上有一定影响的文学作品，因此，我们为他作传，虽然不是以文学创作为唯一，却必须突出对他文学作品的介绍、阐释和分析。特别是像胡石言这样作品不多，而且几被文学史湮没的作家，突出其文学作品内涵，事实上是对他价值的最好体现。当然，我不是无选择地全面介绍，而是更强调经典性角度，也就是对那些优秀的、有文学史价值的作品进行细致的分析，而对于那些一般性的、意义不大的作品，则基本上省略不谈。

我采用这样的写作方式，绝不是对传主胡石言缺乏尊重，而是遵循前面所提到的，我对作家传记写作的基本理解，就是一个作家创作和生存的意义不只是在于个人，更在于时代。所以，我这部传记虽然立足于个人，但又不局限于个人，这并不会损害传主的价值，而是更拓展了他的生存意义，特别是作为一个时代精神写照的意义。我所希望做到的是，它既是一部个人的评传，也是一个时代和一代人的评传，是一个时代的心史。如此，我所花费的精力就很值得了。说到底，认识人，目的在于更好地认识历史，而认识历史，也是为了让我们更好地做人。无论是文学研究，还是历史研究，都应该是如此吧。

第一章 传统与现代：家世与教育

Ⅰ 家庭和童年

1924年10月26日，一个深秋之日，胡石言出生在浙江省平湖县城的一个大地主家庭。

1925年，周岁的胡石言与父母

平湖，隶属于浙江省嘉兴市，坐落在著名的杭嘉湖平原的东北部。杭嘉湖平原是中华文明重要的发祥地之一，其地域丰足富饶，素有"鱼米之乡""丝茶之府""文化之邦"的美誉。早在春秋战国时期就有灿烂的吴越文化，之后的各个时期都留下了非常丰厚的历史遗韵。近代以来，杭嘉湖平原也是中国工业最早的发展之地，在经济发展方面走在前列。

而且，杭嘉湖平原更是文化传统深厚之地，历代以来涌现了非常多的著名文学艺术名人。即嘉兴一个市之内，古代就有倪瓒、刘禹锡、朱淑真、朱彝尊、陆贽等文学艺术大家，近现代也出现了王国维、胡小石、李叔同、茅盾、丰子恺、徐志摩、金庸、朱生豪等文化名人。

平湖是一个县，也有值得骄傲的文化历史。南宋著名画家赵孟坚，清代高士奇，近代李叔同、徐调孚、周振甫等，都是该地著名的文化名人，可谓是人才辈出、文化底蕴深厚之地。

受文化传统影响，嘉兴和平湖的藏书历史悠久，享誉全国。嘉兴市拥有许多著名的藏书家，其中的嘉业堂、宝泽堂、拜经楼等，都是全国知名的大藏书楼。

平湖县同样盛行藏书，清末民初以葛嗣浵为代表，传承超过半个多世纪的葛氏传朴堂藏书楼，是浙江影响很大的三大著名藏书楼之一，藏书达四十万卷，与宁波的天一阁范氏、南浔嘉业堂刘氏齐名，被著名出版家张元济誉为"浙西之冠"。而且，它所收藏的孤本、珍本和善本书籍，常供学者查阅和抄录，对当地文化知识的传播起到了很好的促进作用。除此以外，平湖还有徐士芬等众多藏书家，民间的尚文崇学传统非常浓郁。

在经济上，嘉兴和平湖都属于比较富庶的区域。在经济的带动下，当地的文化也开放较早，是当时全国最发达的地区之一。在医疗教育方面，20世纪二三十年代，在平湖已经建立了现代的医院和学校，能够有西医进行接产。至于女孩与男孩一样上学，接受现代教育，则更是很普遍的事情。这也是近现代浙江嘉兴一带名人辈出、文化兴盛的重要原因吧。

如此深厚的文化传统，以及开放发达的现代文化氛围，自然会对胡石言的成长产生一定的影响，毕竟，耳濡目染之间所接触的都是传统文化，都是诗书典籍，同时又能够接受现代文化教育。现代与传统的交融，潜移默化之间影响了他人格的塑造和形成。

胡石言家祖居的老宅在原来的县城东段。这里地势平缓，虽不处在闹市，却是环境优雅，几栋高大的青砖瓦房，在县城附近的低矮平房中显得鹤立鸡群，也无声地昭示其高门大户的地位。

胡石言的祖父胡廷枋，字少槎，是晚清的秀才，后来科举不顺，就闲居在家。他虽然不太善于持家，却急公好义，特别是热心地方教育，投资赞助地方的办学等公益事务。而且，他素有文才，喜好书法，与当地文人多有交往，算得上当地的知名人士。

胡廷枋也非常重视子女们的教育。他育有子女八人，都接受了现代教育，也都有所成就。其中，有多人从事文化教育工作，担任大学教授和研究人员。其第四个儿子胡士焌则是军校毕业，投身抗日战争，是在战场上英勇牺牲的烈士。

胡石言父亲胡士莹（1901—1979），字宛春，是家中的长子。因为小时候得过中耳炎，听力不好，因此家里面也没有把他当家族事务的接班人来培养。他的兴趣和特长也正好在家庭之外。他少年时即表现出很好的记忆力，十岁时能够背诵《四书》，十五岁就以文名享誉乡里。1930年在扬州出版的个人诗词集《霜红词》，得到吴梅、浦江清等名家的盛赞。他还是深有造诣的书法家，出版过小楷字帖《鲁迅诗选》，受到书法界好评。当地学者徐震堮、陆维钊也是他的挚友。

在当地文化的影响和父亲的教育下，胡士莹对读书、写字和藏书表现出浓郁的兴趣。二十岁时，他以同等学力资格考上南京高等师范学校史地部，接受过著名学者胡小石的指导。毕业后，他先后在平湖当地和南京、扬州、嘉兴等地的中学任教。1929年后，又先后在上海暨南大学中文系和圣约翰大学、光华大学、之江大学和复旦大学等学校担任教授。新中国成立后，先后任浙江师范学院、杭州大学教授。著有《话本小说概论》《弹词宝卷书目》《变文考略》《词话考释》《弹词简论》《漫说鼓词》等著作，是著名的古代小说研究专家，也是著名的中国古代小说收藏家。

胡石言的外祖父更是出身典型的书香家庭。他名叫陈翰，字佰叙，虽然家境算不上很优裕，但本人的才华却很出众。他少年即中秀才，此后科举不顺，于是以教私塾为生，培养出了俞元龙等多位有名的学生，在当地颇有雅誉。胡士莹就是陈翰的得意门生。他的创作也颇具水准，出版有诗集《适庐诗存》（1919年出版），由同为嘉兴人的著名文人张元济写的序。同时，陈翰还是当地著名的书法家，经常与当地书法界人士交流，颇具影响力。

陈翰同样也很重视对子女的教育。他的两个女儿和三个儿子，都接受了现代教育。其中，胡石言的母亲陈秾是长女，毕业于杭州女子师范学校。二女儿陈稹留学美国，后来成了著名教育家胡家健的妻子。三个儿子则在上海从事银行、出版和其他实业方面的职业。

陈秾（1900—1956）比胡士莹年长一岁，她的传统文化素养很好，受父亲影响写得一手好小楷，而且很有现代意识，非常具有律己精神和平等意识。每天都是清早就起床，家里虽然有佣人，但很多事情她都是亲自做。她还对人平等，没有一点主人架子。

与胡士莹结婚以后，她是家里的主心骨。不只是自己从事教育工作，还积极督促丈夫胡士莹在学术上的追求。胡士莹虽然很有才华，但因为在富裕的家庭中长大，有时候不免疏懒一些，这时候，陈秾就经常鼓励他,也经常和他一起商讨切磋。胡士莹有后来的成就,其妻子陈秾可以说是功不可没。

对于胡家来说,胡石言的出生是一件大喜事。因为胡石言是长房长孙,按照封建家庭的习惯,有很特殊的家庭地位,可以算是掌上明珠。对于已经年届半百的胡廷枋来说,这个孙子身上寄托着他对家族未来的期望。而且,胡石言一生下来就长得很端正可爱,性格也乖巧温和,让人感觉很喜气,更增添了整个家族对他的欢迎和喜爱。

小孩的名字是祖父取的,按照家族中的辈分,被命名为胡庆坻。这个族名胡石言一直使用到他加入新四军之前。但为了叙述上的统一,我们没有用这个名字来叙述他的童年和少年,而是一直采用大家熟知的"胡石言"这个名字。

这是一个典型的封建大家庭。按照中国传统的习俗,全家人住在一起意味着喜庆与和谐。因此,尽管家里人口多,全家人还是住在一起,加上仆人、丫头,一共有二十多人。

房屋当然是宽敞的。高墙大院,青砖碧瓦,几层进深,虽然不算官家豪宅,但还算是居家严谨,起居也都有规范。每天衣食无忧,来往客人也多文人雅士,家庭中有一定的书卷气息。

但是,如同所有的封建大家庭一样,家庭中的矛盾是不可避免的。这一点,巴金《家》、苏童《妻妾成群》等作品都做了非常细致的书写。特别是胡廷枋文人习气比较严重,不善也不喜欢理家,因此,家庭里的日常事务繁琐,兄弟妯娌之间的矛盾自然难免。而且,从经济方面看,虽然胡廷枋在的时候,还勉强维持着家里的大小开销,但实际上已经借了不少外债,颇有入不敷出的境况了。

生活在这样的家庭里,虽然贵为祖父母的掌上明珠,胡石言的童年生活也很难用幸福来形容。

生活条件自然是不成问题的。或者说,从生活角度来说,胡石言的童年和幼年生活是过得很优裕的。衣食住行都不成问题，无论是家中老人，还是在普通佣人那里，他都是很受宠的一位，家人都把他当做宝贝看待。

但是，胡石言的父母亲却不满意这样的生活。一方面，胡石言父亲是现代知识分子，他的志向在学术，性格也比较内敛，他看不惯充满腐朽气息的生活方式，也很难与正在走向衰朽的家庭融洽共处；另一方面，也是更重要的，胡石言的母亲不喜欢这样的家庭。她的家庭相对于胡家来说，要贫寒一些，在封建家庭里，特别看重女方的家庭地位和财产，妯娌之间相互攀比，人情世故的势利和矛盾，让从小接受父亲传统文化熏陶的她很不习惯。她看不惯一大家人整天无所事事，只是沉溺于游戏和钩心斗角的生活，也非常反感那些无缘无故的傲慢和歧视。

而且，胡石言母亲更担心的是儿子被家庭环境所污染。因为大家庭的娇惯，沾染一些不好生活习惯是难免的。比如封建大家庭里，经常有人打麻将，大人们经常抱着小胡石言在旁边看，所以，很小的时候，胡石言就懂得打麻将。母亲非常担心这样的环境会影响胡石言的健康成长，因此一直想搬出去独立居住，只是没有找到合适的机会。

母亲给予小胡石言的教育中有很多是对大家庭的批评，她也严厉限制胡石言去沾染那些不良的癖好。因此，在这样的大家庭生活，胡石言肯定不会觉得愉快，反而感到压抑且孤独。他后来很少直接书写这段生活，也几乎从来没有写到自己的祖父母等亲人。当然，这也许部分是因为他生活的政治环境不太适合书写他的家庭出身和相关生活。在相当长一段时期内，回忆、记录这些生活不是光荣，而是一种耻辱。

只是在一篇回忆文章中，胡石言表达了对这种生活的反感。他记叙道，他小时候有一次看家里人打麻将，那位刚刚军校毕业的叔叔输急了，竟然拿在旁边观看的胡石言做出气筒。幸亏祖母在旁，才没有出什么事。

不过，家庭环境对于胡石言的影响也有积极的方面。这主要来自他的父亲。他儿童时期，正是父亲胡士莹孜孜求学的时期。那时候的胡士莹经常待在平湖的葛氏藏书楼，大量查找、阅读和抄录古籍，他的学术之路正是借由这些阅读而起步。尽管胡石言当时还处在不谙世事的童年时期，但耳濡目染之下，对传统文化的感情自然而然培养了起来。

而且，对于童年胡石言来说，不仅在家里能受到父亲熏陶，去外公家也是如此。他最美好的记忆就是去外公家，外公家里的环境比较宽松，不像在家里一样，做什么事都要小心翼翼，生怕被人说闲话。而且，外公、舅舅、姨妈都很宠爱这个小客人，给他讲故事，教他练书法，让小胡石言充分感受到亲情的温暖和自由的气息。终其一生，胡石言与舅舅和姨妈家的感情都很好。可以说，在儿童时代，胡石言既接受了传统文化的熏陶，也受到了现代生活气息的感染，虽然他还年少，不谙世事，但这种经历依然是非常愉悦的。

时间很快度过，胡石言走过了幼年和童年。到六岁，胡石言上学了，就读于县立中心小学。小学的教育也是现代与传统兼顾，但对于一个才几岁的小孩来说，小学低年级的教育难以留下深刻的印象，也没有带给他特别的记忆。

1934年，也就是胡石言十岁的时候，胡石言家发生了重大变化，一家之主、祖父胡廷枋生病去世了。对于一个封建大家庭来说，树倒猢狲散是很自然的事。胡廷枋一去世，子女们办完丧事，卖掉一些田产，将所借的外债还清，就要瓜分家产，一个封建大家庭就分崩离析了。对于胡石言来说，他童年时代的一个阶段终于结束，新的阶段开始了。

对于胡石言的父母亲来说，离开旧家庭是早就期待的事情。按照分家的方案，胡士莹作为家中的长子，自然也分得了部分田产，但他的心思完全不在于此，于是，他把分得的田产留给母亲，自己带着家人离开旧居，迁居到当地一个叫俞家白场的地方，租住到朋友家的房子中。

当时，胡士莹已经开始在学术界崭露头角，正任教于江苏的扬州中学，母亲也在县城教小学。对于这样一对现代知识分子夫妇来说，离开旧家庭的束缚，呼吸新的生活气息，是太期待的事情。对于十岁的胡石言来说，这也是他人生第一次比较重要的经历。

新的住所虽然是租借的旧房子，但是环境很好，给少年胡石言留下了非常美好的记忆。

这是一个环境优雅，也颇宽敞的住所。上下三层楼，楼下三个前间是父亲的书房、会客室和母亲的起居室，三个后间则是父亲的藏书室、杂物间和厨房。楼上五间卧室。家里住了胡石言一家三人，还有在他家养老的胡石言父亲的乳母，以及一个女仆人。

楼前还有天井，养了一窝兔子。天井门外是个很大的菜园子，胡石言母亲和佣人们一同开辟了花圃和菜田，种了新鲜的青菜、玉米、豌豆和蚕豆等等。不只是环境优美，还经常可以吃到自己种的蔬菜。

胡石言也开始了自己与父母亲单独相处的小家庭生活。在这个地方，胡石言居住了两年多，一直到抗战爆发，他才离开此地，逃难到上海。

这是一个现代的小家庭。父母亲不只是文化素养高，思想观念也很现代，有很强的平等精神和人道主义思想。母亲对待女仆如同家人，也会帮着一起做些劳动。在这个家庭里，既有传统的书香气息，又充满着现代生活的友爱和温馨，胡石言深深地感到了温暖和自由。对比起在祖父大家庭里度过的压抑生活，他更感觉到了欢快和喜悦。

这种生活，使现代的人文思想在胡石言脑子里深深地扎下了根。他后来的回忆也充满感激和怀念："就在这样一个充满着友爱和治学精神的家庭里，在十岁到十四岁的这几年中，我完成了人生道路上的第一个转折：从封建地主家庭和知识分子家庭的鲜明对比中否定了封建的人与人的关系，而接受了资产阶级民主主义的思想。"（《我这一辈子》）

由于家庭环境的影响，胡石言在这里开始了自己的文学启蒙。父亲是中学教师，每个周六回家，周一就离开家去学校，因此，从周一到周五，父亲的书房就成了胡石言的处所，也成了他最喜欢去的地方。

书房里藏书很丰富，其中，有父亲专门为他订阅的《科学画报》，以及随刊物赠送的一些科幻小说。父亲是中国古代小说研究专家，家里藏有大量古典小说，胡石言母亲则是新知识分子，买有不少欧美小说。因此，胡石言的阅读内容非常广泛。每次阅读完那些文学作品之后，胡石言就特别喜欢躺在长沙发上幻想，虚构自己的故事，其文学想象力也在此期间打下了良好的基础。

其中给胡石言印象最深刻的读物，是法国作家都德的爱国主题的小说《最后一课》，再就是美国女作家奥尔科特的长篇小说《小妇人》。显然，前者的强烈爱国主义和民族思想很契合传统文化熏陶下的少年胡石言，这也是中国传统文化的主流。后者所描述的温暖家庭生活，很切合胡石言的生活实际，而它所张扬的自我独立、道德自我完善主题，也可以看出胡石言母亲教育的影子。事实上，从这两部给胡石言留下深刻印象的作品，我们也多少可以窥见他少年时期的思想教育状况，这对他后来的人生道路选择产生了重要影响。

胡石言是胡士莹夫妇的独子。这是因为胡石言出生的时候体重比较大，而母亲的个子又比较娇小。虽然来到县城里生产，在现代西医的帮助下母子平安，但母亲还是吃了不少苦，深刻感受到生育的痛苦。于是，夫妇俩就决定只生胡石言一个，之后不再生育。

正因为这样，母亲对胡石言非常喜爱，也非常重视对他的培养。严厉，是母亲给予童年胡石言最重要，也是让他最受益的"礼物"。日常生活的每一个细节，母亲都要求很细致、严格。比如吃饭一定要用手端着碗，坐姿一定要端正，睡觉也不能赖床等等。而且，她还要求胡石言从小自立，不能在父母面前撒娇。也不能以自我为中心，要多想到别人。家里吃水果，母亲从来都一视同仁，没有因为胡石言年龄小就对他特别优待，挑最好的水果给他。

母亲也很讲究教育方法。小胡石言犯了错，母亲不是打骂他，而是将他关在小屋里，让他闭门思过，只有真正意识到自己错误之所在，表示改正，才会原谅他。母亲还很会运用对比的方法来教育胡石言。他们家的邻居是一个富裕家庭，但在教育小孩方面不够严格。小孩子娇生惯养，年少时穿着高级绸缎衣服四处招摇，但学习成绩不好，教养也差，胡石言和母亲都看不上。每次胡石言有什么做得不好时，母亲就经常拿这家小孩来做反面教材，教育胡石言说，小时候不严格要求自己，像这样生活，以后会有什么出息呢？

到胡石言上学了，母亲的教育更为严格。一个重要要求就是放学后胡石言必须马上回家，不能在外面随意游荡。因此，小时候的胡石言很少自由外出，活动范围基本上在家里。胡石言成年后比较好静、爱思考，与小时候与他人交往不多、独处时间长多少有关。

当然，对于母亲的教育，胡石言也未尝没有逆反，在他成长时期，青春期的叛逆心理甚至对他的人生有重要影响。最典型的就是胡石言大学一年级时离开家庭参加新四军。这当然主要是缘于其对革命的追求愿望，但从心理方面说，母亲长期的严格管束，致使胡石言有逃离家庭束缚、追求自由生活的较强愿望，应该是有一定关联的。

对少年时期的胡石言来说，母亲的严厉对他爱上读书倒是有直接的效果，因为不能在外游玩，于是书房就成了胡石言放学之后打发时间的最好地方，读书成了少年胡石言最习惯的生活方式。

对于父亲胡士莹来说，这段时期也是其学术积累的重要时期，特别是利用比较丰厚的收入购买了许多古籍图书。一有上街的机会，就会去旧书店、书摊寻觅旧书，收获了不少善本乃至孤本图书。他后来出版了很权威的《中国话本小说概论》，基础也多是在这时期搜集、购买的图书。

父亲藏书室的古书很多，很多古籍少年胡石言看不懂，但他最喜欢在天晴的日子帮助父亲晾晒图书。同时，父亲酷爱书法，坚持要在宣纸上挥毫，然后盖上自己的印章。少年胡石言除了帮着拉纸、磨墨，也自然得到父亲书法上的指导和练习，结果，胡石言的书法水平也大有长进，其作品还参加了平湖县的学生书法展览。

除了文学书籍，胡石言还读了不少科学方面的书。因为之前太爱文学，因此一度数学成绩比较差。为了不偏科，胡石言让父母亲订阅了《科学画报》等好几种自然科学类的刊物，这也大大拓展了少年胡石言的视野。

对于这段生活，胡石言记忆深刻，也有非常深的感情。在1986年，他带着妻子和孩子一起回平湖，专程来观看这栋给他留下美好回忆的旧居。几十年下来，地理地貌都有很大改变，他们找人问路，才找到这栋历经风霜的旧居。听说房子很快就要拆迁另建新楼，但美好的记忆却永远留存。他们还在旧居前拍下照片，留作对那一段日子的纪念。

Ⅱ 求学少年

1936年，十二岁的胡石言进入浙江省立嘉兴中学读书。

嘉兴中学历史悠久，其前身嘉兴府学堂创办于公元 1902 年（清光绪二十八年）。辛亥革命后，学校曾先后改名为浙江省立第二中学、浙江省立嘉兴中学。学校培养了不少优秀人才，就文学艺术界而言，就有钱玄同、朱希祖、茅盾、郁达夫、金庸、陆维钊等著名校友。

既然是名牌中学，管理自然也是严格的。当时的嘉兴中学对学生要求很严，政治上必须与中央政府一致，很少有自由思想的空间。在胡石言的记忆里，只记得老师讲授的"公民课程"，宣扬的是领袖至上、忠诚爱国的主流思想，还教学生们唱《铁血歌》："只有铁血才能救中国！"

对于刚刚进入少年时期的胡石言来说，当然不可能太多关心国家事务，而是基本上被动地接受学校教育。包括《打回老家去》《松花江上》等著名的东北抗战歌曲，胡石言都是在外地旅行团来校宣传时才首次听到。特别是当年年底爆发的"西安事变"，外面的声势很大，颇有局势飘摇之感，但在胡石言印象里，学校只有对张学良和杨虎城一边倒的谴责之声，丝毫不关注事情真相。

所以，嘉兴中学的生活给他留下最深刻的记忆，还是学会了骑自行车，以及与同学们一道放学后骑着自行车到处游荡，那种懵懂而美妙的青春记忆，给他心灵留下了难以忘怀的美好记忆。

时光是匆促而短暂的，在嘉兴中学刚刚读了一年，全面抗战就爆发了，胡石言也进入新的生活之中。

1937 年 7 月卢沟桥事变引燃了全民抗战，也导致了大半个中国的逃难潮。胡石言也一样，他跟着父母逃难，辗转经过安徽、江西和浙江多地，1938 年春才到达上海的舅舅家。

逃亡是艰难的，但也开阔了胡石言的眼界。特别是有一次，胡石言在路途中碰上了几位西南联大的学生。这些接受现代教育的大学生，举止文雅，相互之间友爱和谐，很有现代学生的文化气息，让一直生活在平湖县城的胡石言很有新鲜感,也让他体会到现代文明的魅力,深受感染。

这段经历也加强了胡石言的民族国家情感。看到周围那么多人为侵略者的战争所累,自己也是举家逃亡,胡石言记忆中读到的"国破山河在"等爱国诗句自然跃上心头,他一刹那觉得:国家的强盛是自己愿意奉献整个生命的事业。为了国家,他可以牺牲自己的生命。

在全国抗战的背景下,直到珍珠港事变前,虽然上海沦陷了,但胡石言所寄住的舅舅家在租界内,还是比较安全的。舅舅家境比较优裕,最初在洋行里做高级管理,后来独立出来开办了实业,还加入了进步民主党派,可以说是一个爱国企业家。另外,胡石言的姨父胡家健、姨妈陈稹当时也在上海。这对夫妇都是留美的学生,与胡适是朋友。胡家健更是民国时期著名的教育家,担任过中央大学的总教务长,并是香港中文大学的创办人之一。

家庭的事务对胡石言完全没有一点吸引力,使他深受感染的是他上海的中学生活。1938 年的 5 月,胡石言插班进入上海民立中学读初三。这也是一所著名中学,创办于 1903 年,以"治学严谨,学融中西,注重书法,英文见长"为办学特色,著名左翼作家殷夫就是该校的校友。

在上海的中学里,胡石言充分感受到了大都市的洋气,并很快融入其中,成为都市文化的体现者。在同学中,胡石言属于个子较高的,而且他也比较注重打扮,时尚洋气,因此相当出众,穿上麂皮夹克,颇有几分美国电影明星的派头。

而且,学校的运动设施先进,胡石言也很爱好运动,不久就成了班级小橡皮球队的守门员。

上海中学的生活,对于胡石言来说是最惬意和愉快的,他既感觉到离开家庭管制后令人心花怒放的自由,也体会着现代文明生活方式所带来的时尚和优雅。

但胡石言没有朝着上海滩上的纨绔少年的道路上发展。其主要原因来自他的家庭，除了母亲的教育，还有父亲的熏陶。这时候的胡石言父亲胡士莹已经在学术界小有名气，而且与上海的文学界多有交往，经常与朋友有交流和唱和。1940年，他被暨南大学校长郑振铎正式聘为中文系教师。

胡士莹是一个很有责任心和爱国心的知识分子。在这期间，他加入以吟诵爱国抗战为主题的文人诗社"午社"中，1941年还参加了夏承焘发起的"龚定庵逝世百年祭"的爱国活动。他曾在给友人的诗中这样写道："……甚日江山恢复，故园鹃声切，悲笳正咽。无穷心事，剩有诗肠杜陵热。"通过对杜甫的景仰来表达自己的忧国忧民之心。

父亲忙于事业，胡石言也不太懂父亲和朋友们的交往，但对于家中的独子，父亲还是要求很严格，特别叮嘱他要热爱民族国家，有家国情怀。父亲的言行，尤其是强烈的家国意识，对胡石言有深刻的影响。这也可以看做是传统士大夫文化在现代的回响吧。

当然，对于少年胡石言，更喜欢的事情还是读书，特别是读小说，读外国文学名著。

胡石言当时先后寄住在姨妈家和舅舅家，两家都收藏有大量的中外文学名著。这些书，对于胡石言来说就是最好的精神食粮。他广泛地阅读和涉猎，深深地沉浸于精彩的故事和感人的情绪当中。在这当中，他最喜欢的作品有两部，一部是法国作家大仲马的《基督山恩仇记》，一部是巴金的《家》。他为前者惊心动魄、扣人心弦的情节所折服，也为主人公的命运所深深打动。同时，他也对《家》中觉慧三兄弟对旧家庭的反抗很认同，特别是非常同情鸣凤的遭遇，为她流下了感动的泪水。高家的故事很容易让他想起自己的童年生活，想起也曾经三世同堂的祖父的大家庭。

长期的文学阅读熏陶，让胡石言逐渐养成了对文学创作的爱好，形成了自己对小说创作的初步观念。在这当中，故事小说是他最喜爱和热衷的。这部分源于父亲的古代小说研究。虽然胡石言年岁尚小，不太懂得深奥的小说观念，但父亲收藏的旧小说他已经看过不少，情节的曲折是最能吸引他的地方。阅读外国文学和现代文学作品，他也抱有这样的理念。

这种文学阅读和素养对他应付学校的写作课程大有裨益。事实上，就是在中学课堂上，他开始初步展露自己的文学才华，并得到了老师和亲人的鼓励。也许是因为花在文学阅读上的时间太多了，在学校的课程中，胡石言的代数成绩很差，但是作文成绩却特别优秀，轻而易举就得到九十多分，多次被国文课吴默卿老师夸赞。

有一次，吴默卿专门把胡石言叫到办公室，表扬他作文好，希望他朝文学家的方向发展。为此，还专门给他开了一张书单，其中有很多中外文学名著。鲁迅的《呐喊》《野草》《热风》，茅盾的《子夜》，巴金的《家》，高尔基的《母亲》，法捷耶夫的《毁灭》《铁流》《石炭王》《煤油》等，还有斯诺的《西行漫记》。

这些具有现代革命气息的书籍，带给胡石言许多影响。特别是当他读到美国作家斯诺的《西行漫记》一书，看到其中对毛泽东、朱德、周恩来等革命家的描述，红军、八路军坚决抗战的要求，以及艰苦奋斗的事迹，使他产生了对革命的强烈向往。他既怀抱对革命生活的浪漫主义想象，更激发了为大众和国家而奉献自己的牺牲精神。

国文老师的鼓励，进一步激发了胡石言的文学创作欲望。他以自己读过的小说为资源，虚构了许多侦探故事，先是讲给同学听，然后又誊抄好，寄到他素来喜欢的《侦探》杂志去，结果还真的发表了。

严格说来，胡石言这时候的创作只是练笔，但他内心却是将文学当做表达自己志向和情怀的重要方式。这一点，清晰地体现在他给自己所起的笔名中。

在参加新四军之前，胡石言在生活和学习中一直使用祖父给取的名字——胡庆坻，但在投稿给刊物、给自己取笔名时，他却想到了"石言"这个名字。名字的寓意显然与他的现实感触有关——在异族侵略的苦难现实面前，民情激愤，哪怕是石头都要说话，来表达自己的爱国爱民热情。于是，"石言"就成为他此后的笔名，而从他离开学校，加入新四军，"胡石言"也成为他正式的姓名。

这期间，胡石言还写作了自己真正可以称为文学创作的第一篇小说作品。作品的题目叫《背金十字架的人》，有一万多字，算是比较正式的短篇小说。

作品的内容是胡石言最擅长的情节类型。在当时上海中学生中比较有影响的，有一家叫《西风》的杂志，主编是现代著名作家徐訏，风格介于严肃和通俗之间，比较喜欢刊登心理分析类型的作品。胡石言早读过这份杂志，听说徐訏是一位喜欢心理分析小说的现代派作家，于是，出于少年的好奇和好胜心，也有自己阅读经验做基础，胡石言结合时代社会背景，虚构了一个带有宗教色彩和神秘意味的故事。

作品写的是一个以战争为背景的故事：士兵受重伤残疾，担心后方的未婚妻失望，于是谎报自己已经战死。结果，未婚妻信以为真，绝望之下自杀身亡，只留下一个金十字架。士兵回来后，后悔莫及，于是把未婚妻留下的十字架珍藏。谁知一天十字架遗失。依靠"我"的帮忙，终于找到了十字架。但士兵却在第二天吞十字架自杀了。

故事不能算很新奇，但透过故事可以看到：其一，少年胡石言很有现实忧患意识。当时正处在抗战背景当中，他的故事也与之息息相关，显示了他潜意识下的民族国家情怀。这也是他在学校积极参加学生运动,之后又弃文从军的重要心理基础。其二,他确实有一定的文学才华,也具有对弱者强烈的同情和人性关怀精神。故事具有很强的悲剧色彩,表现出强烈的人道主义精神,这应该是文学创作非常重要的精神内涵。

胡石言完成这篇小说的日期是 1941 年 10 月 26 日,刚好是他十七岁的生日。

小说显然具有一定的艺术水准。投寄刊物没有多久,胡石言很快就收到了《西风》杂志的回复:"先生力作,文情并茂,本刊决定采用。"对于急切证明自己文学才华的胡石言来说,这当然是个非常开心的好消息。父亲和舅父等听说了,也对胡石言大加赞许,大家都期待着家里出现一个优秀的文学家。

但是,在复杂多变的政治局势下,个人的命运往往很容易被环境所左右。胡石言收到《西风》杂志的用稿通知才一个多月,12 月 8 日,日军部队开进了英法租界,《西风》杂志被查禁,胡石言还没有来得及刊出的小说不知去向。

小说的命运似乎在一定程度上预示了作者胡石言的命运。

确实,当时处在民族危难、战乱当中的中国,真正将文学作为人生目标追求和信仰的人很少,人们都推崇力量,期待能够改变中国的现状。胡石言也不例外。他当时的政治抱负是希望国家强大,甚至想:"法西斯蒂能使中国强盛,我就信仰法西斯蒂。"(《民立"立"我》)文学只不过是尚未踏入社会之前的胡石言的一种爱好,一种才华的显露。在正常的社会环境中,它有可能得到顺利的发展,帮助胡石言成为一名优秀作家,但是,在特殊的民族战争环境下,这种发展很难得到实现。

在那种社会矛盾尖锐的时代,能够影响胡石言人生命运的,自然与政治有关。而对于胡石言的人生道路产生了重要影响,乃至改变胡石言整个人生轨迹的,就是他所就读的中学——民立中学。

民立中学是一所规模很大的学校，当时就有一千多名学生。更重要的是，共产党已经深入到学生当中，在学生中已经有了共产党地下党支部。学校党组织领导了反汪的罢课活动，取得了成功。之后又组织了进步学生会，出版进步校刊，演出抗日戏剧。

胡石言一开始是被动地参加学生运动，但是因为口才好，很快在学生中产生了一定影响，并逐渐开始与共产党进步学生交往，思想受到较大影响。

正如胡石言后来所回忆的："这就是进入民立中学之初、1938年6月在初三下学期上学的我，一个自命不凡的浑小子，各种不入调的路我都可能走。"（《民立"立"我》）对于尚处在懵懂少年的胡石言来说，一切都只是刚刚开始，无数种可能摆在他的面前，任何一个偶然的机会都可能影响他的人生选择。

之前，胡石言读了很多书，但这些书一则偏重于文学，二则内容比较杂。他对于社会问题的认识也多是从文学、科学角度来进行的。比如他为了写侦探小说，读了不少犯罪学、遗传学、社会学方面的书。在学校与同学们讨论社会问题，一开始也从这些角度来谈论。

但是，在与同学们的交流、讨论与辩论中，胡石言逐渐被马克思主义思想所折服，更重要的是，在进步同学的引导下，胡石言开始阅读进步的政治书籍，其中有很多激进思想的、社会主义方面的书籍。诸如斯诺的《西行漫记》、艾思奇的《大众哲学》以及《共产党宣言》《联共党史》《政治经济学教程》等政治书籍，上海地下党印刷的毛泽东《论持久战》《新民主主义论》等书籍也都进入了胡石言的阅读视野。

现实问题也极大地引起了胡石言的兴趣。1941年1月中旬寒假前夕，"皖南事变"消息披露，出现了一些为国民党辩护、攻击新四军的小册子。但胡石言通过地下党组织，读到《皖南事变真相》，反而更加信服共产党,这也是胡石言对《皖南事变》一直非常关注的原因之一吧。

在政治书籍和现实环境的影响下,胡石言的思想渐渐发生了重大变化。他的文学兴趣也从大仲马转移到辛克莱和高尔基、鲁迅等作家身上,左翼作家们书写的关注底层大众苦难、表现人道主义精神的作品成为他的最爱。

而且,在自己的写作方面,胡石言也发生了很大改变。他不再写那种虚构的、远离现实生活的小说故事,而是开始尝试撰写直接针砭现实、充满论战色彩的政论文章。这些文章以激越的气势、强烈的论争色彩,对当时政坛上炙手可热、却也充满争议的汪精卫、何应钦、孔祥熙等人进行了激烈的批判。文章发表在校刊《民立月刊》和《民立风》上,在同学中产生了一定的影响。

对于胡石言来说,这些举动是纯粹个人性的,也没有太多的功利色彩,但对于活跃在学校的共产党组织来说,胡石言无疑是一个非常值得发展的目标。在胡石言这些转变的前后,特别是他在校刊上发表的文章,引起了学校党组织的注意,他们试图引导胡石言加入共产党。

据胡石言后来的回忆:"有一位原来陌生的同学开始接近我。他逐渐引导我谈共产党,后来问我想不想参加共产党。我说想,他说他也想,于是两人约定分头找共产党关系,找到了就一起加入。过了半个来月,他说找到了,给了我一本批判托洛茨基的小册子,还要我写一份个人自传。"

这一切让对革命充满憧憬的胡石言感到既兴奋又惊奇。但是接下来,这个同学又要胡石言给党组织募捐一些钱。这件事损害了共产党在他心中的美好形象,让他有些懊丧。而正在他按照要求开始撰写自传的时候,被父亲看到了。问起来,知道了有人引导胡石言入党的事。

对于儿子入党的要求，胡士莹却不太同意。作为一个传统文人学者，他希望儿子所走的道路是学术的，是远离政治的。于是，他想方设法来规劝儿子。一开始，他谈到中国传统文化的"君子不党"，认为知识分子要有自己的独立性，不应该轻易加入政党。对此，胡石言并不听从。接着，胡士莹又跟胡石言具体分析，质疑那位介绍胡石言入党同学的动机，说你还没入党，就叫你募捐，哪里像真正的共产党？与大家熟悉的瞿秋白、方志敏等品格高尚的共产党人形象可不一样啊！这话倒说到胡石言心里了，因为他对此也早有疑虑，担心自己入错了党，被人利用。

而且，还让胡石言感到不那么开心的是，劝说他入党的这位同学外表和行为举止比较粗鲁，缺乏教养，这让一直重视文明礼貌和礼仪外表的胡石言本能地不喜欢，更与他在《西行漫记》等作品中看到的充满理想色彩的革命者形象相距甚远。于是，他最终以父亲不同意为理由，拒绝了同学让他入党的要求，两人也由此断了来往。一直到新中国成立后，胡石言都不知道那位同学的来历，以及究竟是否真正是共产党派来发展他的。但在这位同学的引导下，胡石言还是阅读了不少有关共产党思想的进步书籍，对政治和革命越加了解，也越发增加了对政治的兴趣，一定程度上也促进了胡石言思想的进步。

后来，根据了解，民立中学的地下党讨论过胡石言的入党问题，但是因为胡石言曾经对外宣称过"我家有钱"，于是就"察看察看"拖下来了。

虽然没有入党，但胡石言成为左派进步学生的领袖人物是无可置疑的。学校的所有学生活动都有胡石言的积极参与，他还担任了学生会的出版部副部长，负责铅印校刊和墙报，担任写稿、编稿和联系印刷厂的工作。等到1940年秋季学期，胡石言开始读高三，又担任了学生会出版部的部长。1941年上学期，还被大家选为学校学生会的会长。说这时候的胡石言思想已经有鲜明的左翼政治意识应该是没有疑问的。所以，他自己这样总结自己："十六岁的我迅速而愉快地成为一个马克思主义的信徒。"

1941年秋，胡石言考入上海法政学院政治系。这里也是以左翼进步力量为主，政治经济学的教科书用的都是苏联列昂捷夫的原著。在这里，胡石言基本上依然是沿着民立中学的惯性生活，没有什么改变。

上海法政学院时期的青年胡石言

但是，要说这时候的胡石言已经有了非常稳定的政治倾向，或者说已经成为坚定的马克思主义信仰者，显然是不确切的。作为一个十七八岁的少年，而且又长期衣食无忧，过着比较优裕的日子，他的思想完全是处在变动和发展当中。他从小受中国传统文化教育，爱国爱民族的思想毋庸置疑，周围的环境，特别是西南联大学生给他很大的影响，就是投身抗战、改变现实。在这种情况下，只有十几岁的胡石言自然很容易接受学校里左翼同学们的影响，积极参与学校的学生活动。与其说这是成熟的革命思想，不如说是青少年的青春激情和爱国民族情怀，他思想的可塑性其实还很大。

事实上，他在从事左翼学生活动的同时，也没有完全停止自己的文学创作。这些作品的题材和形式，都不能说是革命文学，而是更多带有纯文学的色彩。

也正因此，胡石言的同学们称当时的他是"咖啡革命家"，也有人说他是"少爷革命"。确实，胡石言的表现很具有两面性。他有时穿蓝布长衫谈马列主义，有时又西装革履看美国电影。换句话说，对于此时的胡石言来说，他的人生道路是充满着变数的。他既可能参加革命，也可能成为一个上海文化人。甚至可以设想，如果在正常的时局下，胡石言很可能会走上自己所喜爱的文学创作道路，成为一名1940年代的先锋文学作家。

但是，在大时代中，个人的命运有时候让当事人自己都无法把握。决定胡石言命运的是于1941年12月爆发的著名的"珍珠港事件"。胡石言当时刚刚考进上海政法学院，开学才只有两三个月。租界以往的宁静在一瞬间完全都改变了，日军手拿刺刀进入租界，每天都有左翼人士被抓，政法学院也完全处于分崩离析状态。

胡石言在中学时期的激进表现，已经引起了许多人的注意，日军进入租界，他也成了危险人物，时刻都有被告密逮捕甚至被枪杀的危险。于是，那些和他交往密切的同学开始考虑离开上海，另找出路。在当时，对于这些爱国左翼学生来说，最好的选择只有一个，那就是到共产党领导的苏北解放区去，加入新四军。

一批批的同学相继离开上海，胡石言也深感自己必须早日做出抉择，采取行动。对于胡石言想去苏北参加新四军的打算，父母和舅舅、姨妈等亲人当然很舍不得。作为家中一直受宠爱的独子，从来都在父母身边，现在要远赴异地战场，父母亲心里当然有太多的担心。但恶劣时局之下，他们也没有其他更好的选择，无奈之下，只有同意了胡石言的苏北之行。

1942年5月，胡石言离开上海，加入苏北新四军，先是到抗日军政大学第九分校学习，之后就正式成为新四军的一员，走上了职业化的革命道路。从此，胡石言一辈子就再也没有离开过军营生活。儿子与父母一别，就是整整八年没有见面。

Ⅲ 家庭与人生

总结胡石言在十八岁之前的成长环境，文化教育是最值得探究的一点。

其一，胡石言所接受的家庭和学校教育都有一个共同的特点，就是现代与传统兼备。他童年时代生活的嘉兴是传统文化素养深厚之地，他的父亲又是古籍研究专家，在这样的环境里，他所受到的传统文化影响是不言而喻的。而自十岁开始，他接受自己父母亲的直接家庭教育，母亲的现代教育观念对他也有所影响。少年时代，他来到上海，接受现代中学教育，感染现代都市文化氛围。这种传统与现代融合，或者准确地说，从传统教育走向现代教育，是许多现代知识分子的共同经历。似乎没有人专门研究过这种文化转换对于青年人成长的影响，但我以为，应该是利大于弊的。

这两种文化在胡石言的身上都打下了很深的烙印，或者说都对他的成长有积极的影响。

家庭教育中，母亲是对早年胡石言影响最深的一个人。母亲对胡石言从小就要求严格，在性格和为人处世上影响了胡石言一生。从生活方面说，母亲给他养成的许多好的习惯都伴随胡石言终生。他一辈子从来都是腰板挺直，正襟危坐，没有耸肩塌背、跷二郎腿的不良行为。当他有了自己的孩子之后，他教育小孩也很严格，这显然是母亲教育方式产生的影响。

除了日常生活，母亲在性格上也深刻地影响了胡石言。陈秾性格温柔，但从小就很自律，独立精神很强，也很能干。在家庭生活中，她是当初小家庭坚持自立、走出封建大家庭的最大推动者，也是丈夫胡士莹学术事业最坚定的支持和鼓励者，是家中绝对的精神支柱。

而且，她性格坚毅、开朗，遇事沉着冷静，对困难从不低头。后来，胡石言参加新四军，与父母亲一别八年，母子重逢时又身患严重肺病，但陈秋与他相见，却完全没有如常人一样有哭哭啼啼、悲悲切切的情绪化表现，而是非常冷静，悉心地去安排对儿子的治疗。到晚年，她不幸患病，手术时又遭遇医疗事故，导致生活非常不便利，日子过得很艰难。但她却始终表现得很坚强乐观，从不跟人抱怨生活。

母亲的这些性格，在胡石言身上也有很深的体现。就总体上说，胡石言的性格比较敏感律己，外表温顺内敛，为人谦和，考虑问题多从他人角度出发，宁可牺牲自己也不委屈别人，因此能够拥有良好的同伴关系。同时，胡石言也有很强的自制力，很少在外人面前表露情绪，更很少当众发牢骚，抱怨他人。而对待生活中的逆境，他也能够乐观坚韧，遇事镇静，内心坚强。这些性格，都与母亲的影响息息相关。

这些性格，体现在胡石言生活的方方面面中。比如，他长期担任领导职务，但与领导同事相处都很好，很少得罪人，个人私敌极少。在反"右"等运动中，他尽管内心也有意见，但都是闷在心里，不开口说话。平常同事之间，他也极少臧否人事，议论别人。

另外，在生活上，他从小到老，一辈子都很重视仪容，衣服总穿得整整齐齐，头发长短适度，保持着标准的军人仪态。即使到老年，身体状态欠佳的情况下，也坚持做到。如果没有坚强的毅力和自律精神，显然是很难的。

还有一件事能够说明胡石言坚强的性格。"文革"后，有一次，胡石言骑车去单位上班，路上遇到下大雨，他不小心撞到树上，受了伤。但他回家后却一声不吭，正常洗澡、换衣，当做没事人一样。后来家人发现，把他送到医院检查，才知道他其实受伤颇重，肋骨都断了。

但胡石言毕竟不同于在纯粹传统文化教育下长大的人，现代文化在他身上也打下了深刻的印记。他不是一个思想保守的人，相反，他能够很容易接受新事物，吸收新的思想，对自己进行很快的改变和发展。

这两方面的因素结合起来，可以说，胡石言的思想和生活比较容易受外界的影响，他很可能会被时代推着走，而不会逆着时代潮流而走。

在他人生的早期，生活范围相对比较封闭。如在童年和少年时代，他的生活基本上局限在家庭和学校，与社会的接触不是太多，思想也比较单纯。后来参加新四军，纪律严明的军营，同样也比较单一封闭。这些环境，使他不太能接触和认识到复杂的社会生活，也进一步造就了他性格上的顺时性，扼杀了他的逆反性。

应该说，这些性格对胡石言后来的人生道路有很大帮助。胡石言成年之后一直能够在领导、同事中拥有很好的品格声誉，以及良好的人际关系，都与之相关。这样的性格，对胡石言的人生轨迹，特别是对他在人生的困厄时期，是很有帮助的。他能够顺利而平安地度过"文革"那样的政治运动，很大程度上得益于他平常的人格品质和性格。

但是，正如俗话说，"愤怒出诗人"，这样的环境和性格，对一个作家来说也许也有所不足。典型的是胡石言性格谨慎，考虑问题都注意周全，因此就很难果敢坚毅地走在时代潮流前面，为天下先，以充分的胆识表达独立的个性。而这也多少限制了他在思想和文学创作上真正的创新能力，也难以大幅度突破时代的限制，更多情况下是在时代要求的大范围中作些有限的突破（也就是胡石言常说的"打擦边球"）。

当然，在思想开放、政治上自由的时代，胡石言这样的性格也可能有很好的发展。这就是为什么在生命的晚年，胡石言能够在时代潮流的感染下，较好地接受现代的文学观念和方法，在创作上焕发第二个春天的原因。

其二，是良好的文学阅读和经典文学熏陶。少年时代大量的文学阅读，特别是中外文学经典的阅读，奠定了胡石言良好的文学基础，其中包括敏感细腻，对美有深刻的感受力，良好的艺术想象力，以及比较出色的文学写作技巧、文字功底，包括书法等方面的传统文化素养。这些都为他以后走上文学创作道路奠定了很好的基础。

其中，对美善的敏感是很突出的品质。胡石言从少年时代起，就非常爱美，他很重视自己的外表，也关注周围美的事物。在他的少年时代，还发生过一件颇为唯美的故事。

那时，胡石言正在上初中，有一次，他与同学骑车在街上漫游。到一个临河的半边街时，同学不小心把别人晾在河边的一个红漆马桶撞到河里去了。旁边传出一阵女中音的叫骂。同学吓得飞快逃跑了，素来本分的胡石言却立即下车，向赶出门来的中年妇女赔礼道歉，并操起河边晒衣架上的竹竿，帮助去捞马桶。正在这时候，中年妇女的女儿、与胡石言年龄相近的女孩淑英从家里出来，与胡石言打了照面，还稍微说了几句话。这本来是很平常的事情，但是，淑英的美丽却给胡石言留下了深刻的印象，多年以后，他还留下了这样美好的回忆：

> 看背影身材，和我年龄相仿。我走到她身边。她抬头向我一望，却使我心跳脸红，手忙脚乱。这十来岁的淑英如此美丽，简直像神话中的公主！小公主向我嫣然一笑，我更加手足无措。

我长大成少年以后,还从来没有和同龄少女打过交道呢!

在打捞上马桶后,"又赢得五月蔷薇般的一笑。"因为他的礼貌和周到,中年妇女还叫他有空去玩。虽然"我因为家教严谨,而且当时还没有对异性的激动,此后再也没有去那临河的半边街'玩玩'。但是骑自行车和捞马桶的美好印象,却常留在我记忆之中。"(《我这一辈子》)

如果用"多情善感"来形容此时期的胡石言应该是合适的,只是早期有母亲严厉的家教,之后又有军营生活的严格约束,限制了胡石言多情性格的发展,但它还是养成了胡石言较多以美和善的眼光看待社会和人生的特点。在一定程度上说,胡石言虽然身在军队,属于政治敏感人物,但至少在"文革"之前,他是比较单纯,也很少从恶的一面去看人。他在生活世界里,不愿意见到丑与恶,而更愿意去欣赏美和善。

所以,在胡石言的文学作品里,主要写的是善和美的故事,很少写到丑恶,正是这种性格的体现。在一次与友人的谈话中,胡石言这样说到自己:"我不能容忍残酷的东西。我希望我的作品表现人的美好情感,尤其是我们革命队伍内部真诚的美好的人性与人情。"[①] 他的话是很真诚,也是很准确的。

当然,由于求学阶段处在战乱时期,他的文学阅读也比较杂乱,缺乏系统的文学训练,因此,他的文学起点只能说比较好,还不同于那种真正接受过系统文学教育的作家。但是,对于当时的环境来说,胡石言的家庭和学校教育已经算得上很好了,这将使他受益终生。

其三,政治环境下的家庭出身影响。

[①] 方全林:《论石言的小说》,《昆仑》1985年第1期。

现代文学时期，受教育基本上是富裕家庭子女才有的机会，因此，绝大多数作家都出身于富裕家庭，而在成为作家之后，很多人对自己的旧家庭都表达过批判的立场和态度。鲁迅的《从百草园到三味书屋》算是较早一些的作品，此后，包括郭沫若、郁达夫、巴金，以及艾青、何其芳、孙犁、张爱玲，都在文章中写到了传统家庭的巨大阴影。

对旧家庭的反叛也成为一种普遍性的潮流。特别是走向革命的作家，从殷夫的《别了，哥哥》，到艾青的《大堰河，我的保姆》、何其芳的《解释自己》，都表示了对旧家庭的告别和新生活的开始。

就胡石言来说，祖父是地主，但父辈已经属于知识分子，所以，相对于那些直接从地主家庭出身的人来说，他属于比较幸运的，而且，他作为一名少年时代就加入新四军的革命军人来说，所承受的家庭成分方面的压力也比地方作家要小一些。他几乎没有对人说起，也没有在文章中谈到过家庭出身对他的影响，不过，在胡石言的性格和处事习惯中，我们还是可以感受到这种影响之所在。

胡石言也很珍惜家庭教育的影响。比如在他大学肄业准备加入新四军时，他的舅父送给他一个本子，上面写了"勤俭"二字。胡石言对此记忆深刻，也显然受到一定影响。他后来对人说过，在他一辈子中，影响最大的两件事，一是阅读到斯诺的《西行漫记》，再就是舅父给他的赠言。

最后，是如何看待胡石言的人生道路。

在今天很多人看来，胡石言走上革命道路的人生选择似乎不太好理解。因为他在上海的家境相当优裕，自己的学习成绩也很优秀，还考上了著名的大学学府。按照正常的发展，他的人生前途应该是一片光明，出国留学，成为著名学者或作家，进入到社会的高级阶层，都不是难事。但是他却放弃了这一切，选择了到条件艰苦、前途未卜的新四军去从军。

从表面看，这与他激进学生的身份有关，但实际上，又有时代必然性因素在内。事实上，胡石言人生选择的情形在当时并非个案，而是相当多热血青年的共同选择。一个突出的典型就是，在抗战爆发后的几年时间内，国统区青年奔赴延安成为一种时代潮流，他们最基本的出发点就是把延安当做抗战的希望和民族的未来。

对于这样的选择，今天的人们当然可以从不同角度来进行评判和看待。就胡石言来说，其中包含着他希望走出家庭、寻求独立的愿望，以及与他青年时期的理想主义情怀有关系，但更是爱国爱民、牺牲奉献精神的强烈体现。在国难当头，祖国遭受异族侵略者凌辱的时候，作为国家希望所在的青年人，他有爱国的思想，愿意承担自己身上的救国重任，放弃自我利益和前途命运。

所以，如同同时代许多人的选择一样，胡石言人生选择的正当性不可置疑，其背后是让人充分敬佩的人格精神。虽然从后来人的角度看，也许胡石言不从军会有更大的作为，但是这种假设是没有道理的。一方面，作为当事人，不可能有后来人的视野，无论是从爱国热情角度，还是从现实角度说，这种选择是很自然的行为；另一方面，也更重要的，在民族危亡的时代投身于时代洪流中，即使会对个人前途有所影响，也绝对不是让人遗憾的事情。就像我们在明末历史上，看到天才少年夏完淳为民族而献身，我们没有理由说，为了能够留下更好的文学作品，夏完淳不应该参与政治，而是应该生存下来多进行文学创作。

从个人来说，也许按照自己的理想和才华走自己合适的道路是最恰当的，但是在特殊环境下，特别是像抗战这样面临民族危难的时候，如果再以个人志向为首选，事实上就不可能真正实现理想。在那样的时代氛围中，个人首先是时代的，没有时代的自由，个人的自由只能是虚幻的。所以，在抗战时期，艾青、何其芳等无数文人志士放弃了自己的理想和才华，走上了另一条服务现实的人生道路，虽然个人的人生有所损失，但不应该受到责难，也不应该感到遗憾。

当然，从文学创作角度看，胡石言他们这种人生道路的作家也有其局限性。一个最重要的原因是，他们很年轻就走上革命道路了，并且是在部队、在革命队伍中，才真正形成自己的世界观和人生观的。这种情况，在中国现代作家中比较普遍。与胡石言同时代的作家，中国现代文学中还有白桦、魏巍、柯岩、彭荆风、胡万春、李心田等。稍微晚一点的，则有贺敬之、浩然等，胡石言的成就和名气也许不及上述作家，但他们所走过的道路与胡石言基本上一致，思想轨迹也大体相同。可以说，这基本上是受革命文化洗礼，在革命文化中成长起来的一代。

这样的成长环境，难以具有广阔的知识和人生视野，以及自由的精神空间，他们的思想就难以形成比较稳固的独立个性，很容易被外在环境所影响乃至被决定。对于他们来说，很容易将政治正确当做基本的工作要求，也较为看重忠诚、服从等思想品质。这表现在生活中，最正常的表现就是遵循时代要求，遇到批评和批判，也往往是从内心深处去反思和检讨自己，却难以拥有真正的反思和反抗精神。比较之下，胡石言在他同时代人当中属于比较有胆识和个性的作家，但其个性表现的幅度还是有较大限制。

文学创作非常重要的品质就是独立深入的思想个性，政治为主导的思想观念，就很难让文学真正深入地生存到这些作家们的灵魂世界中，即使产生了，也很容易被政治理念所统率和主导。这也限制了作家们的思想高度，很难产生对时代有真正超越和突破的思想。所以，就中国现代文学史看，这一代革命作家中，真正能够以较高地位进入文学史的为数很有限。

这一点，比胡石言早一个时代的作家情况就有所不同。那一代作家，也有许多人有从知识分子进行自我改造、走上革命道路的经历，只是普遍来说，他们走向革命的过程更复杂一些，思想上也更多矛盾和彷徨。比如何其芳、卞之琳、沙汀等作家，都经历过比较多的现实周折和内心困惑。从革命角度说，这种矛盾和彷徨也许是不好的，但是从文学角度说，这种复杂性比简单显然更具魅力，也更能造就深刻的思想。

综合起来说，中学以及短暂的大学阶段是胡石言革命的准备期，也是他文学写作的学习期，为他后来的文学创作道路奠定了很好的基础。而他在文学和革命之间的选择，也决定了他以后所从事文学创作道路的性质，他不可能是一个纯粹的文学家，只能是一个革命的文学家。

第二章　重要的人生选择：从军与从文

Ⅰ 军旅生涯

1942年，胡石言参加新四军，进入苏中抗日军政大学第九分校学习。当时，分校才刚刚于1942年5月成立，前身是抗大第五分校的苏中大队，隶属于新四军第一师。第一师师长粟裕和刘季平、张崇文等担任过分校领导工作。

据胡石言后来的回忆，抗大的生活非常艰苦而紧张。每天吃饭都是玉米屑、元麦糁子掺大米，吃菜则是早上炒黄豆，中午和晚上炒青菜，睡觉条件也特别艰苦。尤其是到了苏北盐城地区，只能看到一望无际的盐碱海滩，稀稀落落地坐落着几户人家。渔民们的生活条件本来就很差，部队学院的住宿更是艰苦。胡石言这样描绘："一幢长方形的泥墙草屋，南北山墙，前后门开在山墙上。走进去里门是房东乱糟糟的床铺；外间'老爷柜'前，夜间圈着猪，靠近大门口，夜间拴着牛。一个班十来个人，挨个睡在猪牛之间的盐草地铺之上，一头是班长，另一头是副班长。"（《战士帮我写小说》）当时的班长负责军事，副班长负责政治学习，胡石言很快当上了副班长，也就只能挨着猪或者牛睡觉。夜里牛撒尿，经常有尿水溅到被子上和脸上。

生活节奏也非常紧张。规定早餐十二分钟,中、晚餐十分钟,起床着装打背包五分钟。以至于胡石言夜里睡觉都不敢解开衣服和绑腿,一听见起床哨声就跳起来打背包和穿鞋子。而且,每次集合都要跑步进行。因为住得比较分散,有时候要到半里外集合,也要全副武装跑步前行。甚至连大小便都要注意时间,否则就可能迟到,而一旦迟到,就要在队伍前面立正受罚。可以说,一天当中,只有轮到放哨的两个小时,自己才能比较放松一点,算是难得的休闲时间。

这种生活,对于生活一直比较优裕,特别是刚刚从上海的繁华世界中过来的胡石言来说,最初的艰难是可想而知的。但是,思想的力量完全足以战胜这些生活上的困难。他所立下的远大志向,以及对革命和抗战的向往,支撑他顺利地过了这段生活,"而且还有些'吃苦主义'的情绪,愈苦愈革命"。

所以,在军政大学的学习中,胡石言的表现相当优秀。除了当副班长,他还当墙报委员兼文娱委员。

和胡石言一起在抗大的还有两个上海人,一个叫尤明,一个叫陈庆良。尤明是戏剧人才,他和胡石言一起用半天时间写了个独幕报导剧《坚守亚力克塞》,题材是苏联红军战争故事,自编自导自演,用大盆豆油灯加手电筒"特写照明",在全校的文艺晚会上演出,获得了全场欢迎。陈庆良是音乐人才,能作曲,又是很好的男高音歌唱演员,他作曲的《我们是年轻的兵》在抗大士兵中传唱。

听说他们的才华,一师的服务团就想通过政治部来调他们,让他们去做文艺宣传工作。但是抗大也看重他们的才华,想留他们在学校的俱乐部工作。正纠结之际,"精兵简政"开始了,正在争夺胡石言他们的抗大和服务团都要精简人员。于是很自然,胡石言他们的调动和留校都成了泡影,很快,他们被分配到前方部队,并且要求立即离校,赶去部队。

时间紧促,路途也相当艰难。这是胡石言对离开抗大去部队时情境的回忆:"在苏北黄海边辽阔的平原上,一队七零八落的兵在寒风中往南走。他们越走越散,后来是三五成群,各奔前程了。其中有三个讲上海话的走在一起,最邋遢的一个便是我。军帽顶磨破了,久未修剪的短发像黑草簇起,单军装的右肩被枪皮带磨破了一大块,没有布补,绿色的毛线衣露了出来,右脚有点跛,那是为了爱惜唯一的布鞋、赤脚过河被芦苇茬戳破的。我身上最见不得人的东西还在军衣里头:毛线衣的每一个洞眼里恐怕都有一个白虱或虱卵。"(《"老虎团"的文化兵》)对于胡石言来说,真正的军旅生涯开始了。

更让胡石言感到失望的是工作的分配。在胡石言看来,自己是知识分子,有文艺方面的爱好和一技之长,当然应该去从事与文化有关的工作。但师部的政治部组织科却打算把他们分到警卫连当普通战士。这样的分配与预期的反差如此之大,于是,胡石言表示了强烈反对,甚至跟另两位同学说,既然部队不需要我们,我可以回上海去准备做自由作家。当然,这话只是说说而已,从内心来说,胡石言还是想留在部队的,于是就由胡石言执笔,写了一个报告给师政治部主任钟期光,说明自己的工作能力,表达希望从事部队文化工作的想法。

非常幸运,他们碰到的钟期光是一个很开明也很重才的领导。他很快批准了他们的报告,批示分配他们去三旅七团做文化教员。于是,在1942年12月,胡石言三人被分派到连队做了文化教员。

七团是新四军的主力团,在抗日战争中曾经取得过辉煌的战绩,因此被称为"老虎团"。除了打仗厉害,七团也很重视文化宣传。当时七团各个连队都有文化教员,除了胡石言他们三位以外,还有后来担任过外交部副部长的刘述卿,以及在对台宣传工作方面颇有成绩的章致和等人。

胡石言在部队的表现很突出。由于在抗大学习中接受了严厉的训练，胡石言一下到连队就有很好的表现，他和战士一样每天背着背包出操跑步，让习惯于认为文人文弱的战士们刮目相看。就在1943年7月1日，胡石言加入了中国共产党。在他写作的《小传》中，他这样写道："至此，我完成了人生道路的第二个转折：由一个初具资产阶级民主主义思想的学生转变为誓为共产主义奋斗终生的战士。"

其实，比较起抗大时期，连队的生活条件好了很多。文化教员的级别是排级，但由于优待知识分子，拿连级干部的津贴费，每月有三元钱。

不久，因为工作突出，胡石言被调到团部的政治处宣教股，担任团报《战斗报》的编辑。他所编的《战斗报》是新四军出版的最早的团一级油印报纸，陈毅亲自撰写报头。每期发行五百份，从编辑、通联、缮写、印刷、发行，全部由两个编辑负责，这也锻炼了胡石言多方面的动手能力。扬州籍画家赵坚担任制版工作，他被誉为"铁笔战士"，由他刻印的一份六套色画报，至今收藏在中国人民革命军事博物馆。

1945年10月起，胡石言历任宣教干事、宣教股股长，代理过营教导员。1948年12月，担任新四军一师政治部宣教科副科长。在这期间，他还多次参加过战斗，著名的苏中战役、莱芜战役、孟良崮战役和淮海战役等，他都亲历过。期间负伤一次，曾获得三级独立自由勋章和三级解放勋章。

部队的生活很艰难，对于胡石言来说倒也很快习惯了。但不幸的是，在部队期间，他感染上了严重的肺结核。当时胡石言担任部队文化教员，与他同住一屋的是教导员。宣教股股长王寅得肺结核去世。在当时，肺结核是很难治疗的重病，最初罹病的教导员不久就病逝，胡石言也受疾病缠扰多年，几次病情严重。

作为生活在上海、家境宽裕的大学教授家的儿子，一名华东政法大学的大学生，胡石言要完成从学生到战士，从优裕生活到艰苦处境的转换，跨度相当之大，这个过程肯定也是有一定难度的。

但是，无论是在当时，还是在之后，胡石言从来没有在任何作品中表现这一过程，更没有诉说其中的艰难。这并非是他的遮蔽，也不是因为他有什么担心，而是他转型的跨度虽然大，难度却并非如人想象的那样大。

首要的原因当然在于胡石言自己的主观认识。作为一个充满朝气、积极上进的大学生，生活中的苦对他来说更多是一种考验。

而且，如同对其他人一样，战争经历对胡石言也是一次历练，是他人生非常重要的成长历程。

虽然胡石言在部队里担任的是文化教员，一般情况下不会直接冲到最前线，但既然下到连队，又亲身经历了好多场战争，在当时背景下，毫无疑问要经受战争最直接的"洗礼"，面临生死的艰难选择。所以，战争锻炼了胡石言的勇气，让他从一名学生成长为一名真正的军人，这是最基本的层面。

在部队，胡石言也觉得找到了自己的人生价值。对年轻人而言，文化水平高固然是一方面，而且，"做饭紧张、抗大抗出来的，集合动作比战士还快；打仗不怕死……战士们还发现文教们善于讲故事。……夜行军到了宿营地，战士们集合坐着等待分房子，又困又冻，最不耐烦；文化教员站在队前讲开了故事，没有讲完即使房子分好了也不愿意'各排带开'。有一次连干部们都去团部开会，政治课无人上了，我填空讲了一小时的《张巡死守睢阳城》，讲完战士们自发地热烈鼓掌。"（《"老虎团"的文化兵》）在战争中，找到自己的价值也很重要。

在这个过程中，胡石言的工作积极性非常高。行军宣传鼓动也开始文艺化,路旁出现了鼓动牌、鼓动画,行军途中,念快板、唱民歌更是常事。平常战士们也会一起演戏,既有《雷雨》《同志,你走错了路》《白毛女》等名篇,也有自己排练和创作的一些生活化的小戏剧作品。

再就是教大家唱歌、自编歌曲、搜集民歌、自填民歌,这对胡石言的帮助很大,他后来创作《柳堡的故事》采用江苏地方民歌作为主题曲,在小说中利用民歌的因素,获得了很好的艺术效果,这都是源于这个时期的生活积累。

另一方面,虽然胡石言顺利地度过了战争生活,却亲历了身边战友的牺牲,其中也包括自己很熟悉的战友。也许只有有过这方面亲身经历的人才能体会到,那么年轻的、活生生的生命突然从身边永别,而且还不是偶然,而是很常见的事。这既让胡石言感动,也让他体会到牺牲、奉献的意义——当个人生命与集体、时代相融合的时候,个人的意义确实会削弱许多。这也许是"以服从为天职"成为军队铁律,很少有人对此提出异议的重要原因。

对胡石言来说,这加强了他的律己性格。因为他早年接受母亲的严厉家教,就习惯于服从。军队的集体性原则更让这一性格得以强化。所以,在许多人觉得难以适应的纪律面前,胡石言并不觉得多么艰难,而只是成为一种自然的过渡。从一个听话的学生、儿子,成长为一名合格乃至优秀的军人,这一点,与那些性格桀骜、独立性比较强的人不一样,那些人会更多感到军队纪律对自己的束缚,觉得难以适应。

当然,战争生涯还强化了胡石言与军队之间的感情。战争,是最需要,也最能够凸显力量的,所以,在战争时期,知识分子在工农面前的内心自卑是普遍存在的。当然,另一方面,战友们大多是从农村来的,朴实、劳动能力强,对胡石言教育、影响很大,这些也是对他心灵的触动,有助于他的成长。军队生活是胡石言最熟悉，也最关注的生活领域之一，也是他文学创作最不能遗忘的财富。就如他自己所说的：

"我们的文艺活动鼓舞了部队的士气，活跃了解放区的文艺事业，带动了一批战士画手、战士作者、战士演员。我们自己则在与战士交朋友中获得了生活源泉和革命感情的滋养。《战斗报》的通讯员们，这批十七八岁二十来岁稍有文化、富于新四军特色的年轻的兵，永远是我最亲爱的朋友，没有他们在我心中的微笑，我绝不可能在1950年写出《柳堡的故事》，到1983年还能写《秋雪湖之恋》。"（《"老虎团"的文化兵》）

胡石言在1960年写过一篇短篇小说《"团长"历险记》。从文学质量上看，它并不算上乘，但胡石言明确表示，这篇小说的很多内容和细节都可以在他自己的经历中找到对应之处，小说可以看做是胡石言的真实生活和心理经历。作品中的叙述者"我"，也是初次历练战争。对于他来说，战争经历给予他最深的印象，首先是战友之间的无私奉献和牺牲精神。为了战友，可以毫不犹豫地牺牲自己。其次是对人的生命的关注。生命无比珍贵，特别是熟悉的、融入了友谊和情感的生命，它的消失带来的是心灵的创伤和疼痛。

当然，应该是与创作时的环境有关，这篇小说没有写成悲剧，而是勉强被加上了一个大团圆的结局。但是，读者依然能够从中体会到战争中无处不在的牺牲，以及生命的脆弱。

所以，从文学角度说，生性敏感的胡石言在经历战争后，更加有了对生命、对人的关怀意识。或者说，战争促进了他对生命的理解和尊重。当然，他生性谨慎，也是一个非常守纪律的军人，所以只能在非常有限的空间，在不违背纪律的前提下，才能表达自己的这份感情。

这是1950年胡石言在病中创作《柳堡的故事》的重要原因。身在病中的人更容易回忆那些记忆深刻的往事，为往事中的牺牲者而动情，也更能从人性和生命角度来看问题。同时，这也是"文革"后，胡石言写作了《大爆炸》《魂归何处》等作品，更着力于从人性角度反思战争和战争中的人的根本原因。

Ⅱ 文学梦的艰难复苏

对于一名文化教员来说，写作、宣传是基本的工作，更何况胡石言原本就爱好写作，有很好的写作基础。所以，胡石言一进部队，有了时间上的余裕，他就自然要琢磨，计划创作点什么东西来。

在部队生活，又受部队教育，肯定要写部队。一开始，胡石言想到自己在部队生活中见到的一些问题。最让他记忆深刻的是这么一件事，当时部队行军，从苏北的阜宁到苏中的南通，要走几百里路，天气又寒冷。于是一些老兵就暴露了自由散漫的习惯。苏北的物价低，苏中物价高，有两个人就想了一个主意。他们合伙买了七八十斤重的半片猪肉，自己不扛，让地方交通站找一个民夫帮他们扛着。一路走一路吃，一直吃到目的地南通。

胡石言看到了，心里觉得很不是滋味，又不便多说，于是想通过文学的方式写出来，既是批评，也是警醒。当时流行一本日本小说叫《不死的兵》，胡石言就套着这个题目，写了一篇小说叫《不精的兵》，将这个背猪吃肉的故事写了出来。

他还想写的另一部作品是一个剧本。当时部队流行自己编导演出各种故事戏剧。他就想到了《西游记》里唐僧取经的故事，准备将孙悟空变魔术、闹天宫的情节写到作品中，想象着一定会得到战友们的欢迎。

但是两部作品最终都没有完成。当胡石言正在绞尽脑汁、拼命写作之时，宣教股长王寅到连队来看望胡石言，问他最近在写什么东西。当听到胡石言汇报自己的写作计划时,王寅拼命摇头,说不能这么写,这当中存在方向问题。果然,没两天,王寅组织大家学习《在延安文艺座谈会上的讲话》,明确了大家进行文艺创作的两个核心要求,一是写工农兵,二是要歌颂,不能暴露。

胡石言一反思,自己正在写作的两部作品,一部是暴露批判工作中的问题,一部写的是神话传说,与工农兵完全无关。写这样的作品,确实与《讲话》精神的要求不相符合。于是,胡石言将两部未完成的作品草稿都烧掉了,准备另起炉灶,按照《讲话》的要求来开始创作。

不久,胡石言因为在连队表现突出,被调到团政治处的《战斗报》当编辑,也算是专职的文学编辑和作者了。胡石言的编辑工作是繁忙的,同时还需要担任部队其他的宣传工作。这段经历,对于胡石言的文学观念和创作方式而言,是一个重要的转变阶段。

《战斗报》当然有一定的文学因素,但它更属于文化宣传品。正像胡石言当时的同事和战友赵坚所回忆的:"越是战斗紧张,生活艰苦,战士们越是需要文化艺术活动。他们热爱自己的艺术,实际上是热爱歌颂他们自己的战斗生活。"[①] 他们的工作完全是为现实战斗服务,是战前动员宣传和战后胜利歌颂,在形式上讲求通俗易懂,明快简洁,艺术高度自然不在考虑之列了。

对于曾经读过诸多世界文学名著,正式写作和发表过小说作品的胡石言来说,要适应这种完全功利化的文学形式,肯定是有一定困难的。事实上,对于十八岁的胡石言来说,这项工作也具有很重要的转折意义。他必须从之前在上海接受的纯文学与通俗文学传统,转变到革命的政治化服务文学上来。

---

① 赵坚:《战士喜欢什么,我们就画什么——部队美术工作的片段回忆》,《美术》1958年11月。

在胡石言自己的叙述中，这一转变的过程很简单，但实际过程肯定比他所叙述的要复杂，过程中存在着一定的波折和艰难。毕竟，纯文学写作与政治化写作，无论是从基本理念，还是书写方式，都存在着较大差异。特别是从政治上考虑，更需要很好地掌握好分寸。而无论是从政治角度还是从文学角度，胡石言都不是一个轻率的人，因此，他写作的谨慎是可以理解的，也必然经历了一个艰难的转折过程。也许正因为如此，胡石言在进入部队之后，虽然从事的是文化工作，但基本上没有写出什么文学作品，他刚到部队时高涨的文学创作热情几乎湮没于现实工作当中。

对于当时的现实环境来说，更需要的毫无疑问是面对面的战斗，是鼓动性的战斗宣传。对于胡石言和他所在的部队来说，办好《战斗报》的现实作用是一部小说所远远无法比拟的。文学，在战争背景下几乎毫无意义，如果有些许意义，也就是宣传。在这样的环境下，胡石言的文学创作自然不可能丰富而丰收。

从1942年加入新四军，到1950年，七八年间，胡石言只写了一篇小说《子弹》，再就只有歌曲《清乡谣》、歌谣剧《还是你们好》、长诗《八位英雄》，还有几篇通讯报道，质量上都难有好评。胡石言后来也很少提及。

而从深层次上说，胡石言的转型没有太大的心理障碍也是很正常的。因为这时候的胡石言还不能说已经是真正的作家。虽然他有过一些文学阅读，具有较好的文学素养，也掌握了一些文学创作技巧，能够写一些小故事，但是，从素养到创造性能力还有较大差距，他距离真正独立的、有自我特点的文学创作还差得比较远，所以，他进入这种完全任务式的、短平快式的编报活动并不觉得为难，反而比较得心应手。

这一点，可以与比胡石言年长的一代作家来做一些比较。比如1939年，何其芳、沙汀、卞之琳三位作家、诗人来到延安，也曾经下放到部队中去生活和工作。一开始还比较顺利，但是，很快他们就表现出强烈的不习惯。特别是卞之琳和沙汀。最终，只有何其芳坚持了下来，并留在延安，另外两个人都回去了。与胡石言情况之所以有别，显然是因为沙汀、卞之琳他们的文学准备更充分，文学基础更深厚，思想上的个人独立性也更强，也就更难融入单一和工具性强的部队文艺生活当中。

当然，蛰伏是爆发的重要前提，漫长的创作准备期，也在期待着一次新的冲刺。

事实上，生活也在改变着胡石言。他后来这样说过："我以前办小报，现在是作家。可是我这个作家特别得益于办小报的生涯，小报上活跃着整个团队的脉搏。小报培养了我对部队对战士对革命战争的爱。记者、作家都要观察人、剖析人，问题是以怎样的胸怀，怎样的眼光去观察、剖析，我是用爱。"（《战士帮我写小说》）确实，繁忙的部队生活，特别是战争中的友谊和感触在极大地影响和改变着胡石言，这些既培养他的感情，也冶炼他的观念。

这其中，友谊是最值得珍惜的。早在连队做文化教育时，胡石言就有了一些文化战士朋友。他们年龄相仿，又有一定的文化，对作为文化教员的胡石言自然感到亲切。胡石言性格也很随和，就像一个大哥哥一样。因此，他们有什么秘密，有什么心里话，都对胡石言倾诉，胡石言在与他们建立很深感情的同时，也了解了战士中的许多事情。

到《战斗报》后，这种友谊更广泛了。因为为报纸写稿的通讯员，大都是那些在连队里的文化战士，编辑和作者交往机会更多，不久，胡石言就有了几十个通讯员好朋友。这些通讯员不像胡石言一样是专职的文化干部，他们都要亲自到第一线参加战争，因此，牺牲是常有的事情。有些通讯员，在开战之前还拉着胡石言一起合影，也有人把自己心爱的、记录了自己心迹和诗歌的笔记本送给了他，结果却牺牲在战场上了。战友的牺牲每次都让胡石言流泪。通过与这些战士和朋友的交往，胡石言真正体会到友谊的珍贵，也让他更增添了对部队的感情，促使他真正提笔写下了战士生活。

胡石言的文学创作也完全跟随这种现实应用性的要求而开始。1943年，他发表了报告文学《榴弹手蔡永生》。应该说，这不是一篇成熟的作品，与其说是文学，还不如说是通讯速写。不过这也是胡石言努力恢复自己文学才能，适应新环境需要的过程。

胡石言真正走上文学道路的作品是1943年秋天完成的短篇小说《子弹》。这部作品于1944年2月发表在《苏中报》上。胡石言认为这是他真正的第一篇文学作品。

它写一个战士为了多杀敌，私下里藏了一些子弹。后来觉悟到自己的错误，就将子弹上交了。战斗中，他珍惜自己的子弹，非常英勇地打死了不少鬼子。最后，在负伤中撤下前线，却期待着更多的子弹和未来的战斗。

从文学技巧看，《子弹》总体上还不能算很成熟，特别是情节上比较简单，没有写出战争的惨烈状况，但小说的叙事清晰，表现出来一定的文采，特别是作品的心理描写细腻，有一定艺术魅力。考虑到当时时代所需要的并不是真正的、反映战争真实的文学作品，而是能够鼓动人心的宣传品，所以，《子弹》还是相当吻合这种要求的。

当时的苏中解放区不像延安等老解放区，文人作家少，能够称得上文学作品的创作也非常有限。所以，胡石言的《子弹》一发表，在部队文化人中还是产生了一定的反响，时任《苏中报》总编辑的老一辈左翼作家林淡秋还为它写了评论，后来山东解放区的《文艺丛书》也收录了这部作品。可以说，胡石言已经开始在文学道路上初试锋芒。

从1942年进入抗日军政大学当学员，一直到去世，胡石言人生的绝大部分时间都生活在军营里，而这种军营生活又基本上都密切联系着新四军。他的部队生活一直都在新四军。新中国成立后，他所在的南京军区的前身是苏中军区，基础也主要是新四军，胡石言各个时期的领导、同事也大都来自新四军。所以，说胡石言的军旅生涯与新四军密不可分，应该是没有问题的。

很自然地，胡石言对新四军的感情非常深厚，他的文学创作与之有着不可分割的关系。他曾经说过："对于我，连队是充满阶级友爱的土地。我熟悉这片土地，我挚爱这片土地。"要了解胡石言，了解胡石言的文学事业，与部队、与新四军的关系无疑是一个核心。

典型如他对陈毅的感情。陈毅是后期新四军的军长，如果说前期新四军的核心是叶挺和项英的话，那么，陈毅就是后期新四军无可替代的灵魂和象征。胡石言1943年加入新四军，已经是在皖南事变之后了，尽管他一直没有进入军队高层，与陈毅直接见面的机会也非常少，但是对于他来说，陈毅就是新四军的化身。他对新四军的感情也就可以替代为对陈毅的感情。用崇拜来表达他对陈毅的感情应该是不夸张的。

胡石言晚年，尽管他刚刚度过"文革"，正处在文学创作最后的黄金岁月，却花费了十几年时间在陈毅的传记写作上，对此，他无怨无悔。而且，他晚年计划写作一部长篇小说，主人公也是陈毅。这当然与胡石言的军人纪律有部分关系，但与他对陈毅、对新四军的特殊感情也有紧密联系。

这种对部队、对军队首长的崇拜，在有着长期军旅生涯的军人中并不鲜见，甚至可以说这是非常正常的行为。因为军队一直倡导以服从为天职，长期下来，对首长的崇拜就是自然的事情了。而且，军队的生活相对来说封闭单一，与外部社会接触不多，几十年下来，对部队的特殊感情就很容易养成。

军人是一个比较特殊的社会群体，特别是在现代社会，军人已经严重职业化的背景下更是如此。对于军队、军人的心理分析，也许不应该绝对和简单化。军队是现代国家的重要一部分，职业军人也是如此。对于它（他）们的认识，需要放在国家意识形态的宏大背景下来进行。

对于胡石言来说，虽然情况有一定的个人性，但基本上属于时代共性，是一个时代知识分子军人的集体生活缩影。当时绝大多数知识分子进入军营，情况大体差不多，都是青年学生，心智尚未完全成熟，进入部队熔炉，自然很容易被同化，成为军队文化的重要一部分，也会对部队、对首长产生特殊而深厚的感情。像与他时代基本相同的贺敬之、魏巍、柯岩等，几乎都有这种情况。

事实上，在1940年代的战乱时代，整个中国都处在动荡和变动当中，思想文化也很纷乱，要找到安宁的生活归宿固然不易，找到内心的归宿也许更难。对于经历过抗战初期的漂泊，感受过时代纷乱的胡石言来说，能够进入军营，感受军营文化，应该算是一种幸运。特别是对于从学生时代就一直向往革命、希望报效国家，为国家强大而献身的他来说，这种选择也是符合他的内心要求的。他应该不会觉得人生有遗憾。

Ⅲ 爱情与家庭

从军以后，胡石言与父母一别八年未见面，只能书信往来报平安。虽然辗转各个战场之间，但他还是想方设法写信给住在上海法租界的父母。因为担心父母受到牵连，他的收信人写的是一位女性的名字，佯作是写给恋爱关系的表妹。信中当然不可能直接写自己真实的新四军生活，只能假说是在外经商谈业务等等，借生意的盈利情况来暗示抗战形势在不断向好的方向发展，以及自己的精神状态和身体情况。

到抗战后期，随着战事的发展，形势日渐好转，胡石言信里的内容也开始逐渐加入自己的真实情况。他热忱地告知父母，让他们了解儿子是为正义而战，并且告诉他们，自己所在的军队是真正为人民的军队，自己的战友同伴也都是随时准备为国为民牺牲生命的青年人。烽火连三月，家书抵万金，这些书信被胡石言的母亲珍藏，一直保存到今天。

1948年秋天开始，胡石言感染的肺病加重，被送到山东潍坊的解放军后方野战医院住院治疗。战事持久，物质严重匮乏，医院的医治条件非常有限，身体状况很差的胡石言一度无力与父母保持通信。日思夜想，牵肠挂肚的父母眼见共产党解放军已经在北方大部分地区都取得了胜利，却久久得不到儿子的消息，非常担心他的安危。情急之下，四处打听之外，还登报找寻。巧的是，胡石言的战友卞庸中看到了报纸，就根据地址写信过去，告知胡石言病重在山东治疗。

当时，治疗肺结核的特效药是进口链霉素，但是市价奇贵还难以得到。而潍坊地处偏僻，条件艰苦，临时建立的野战医院缺医少药。幸亏父母得知了消息，耗尽家中钱财，加上亲友的资助，尽数购买了链霉素。药品得来不易，邮寄不让人放心，加之对儿子病情的担心，已在杭州任教的父亲胡士莹决定亲自赴山东送药探儿。1949年年初，战乱未平，交通混乱，他拎着装满链霉素的小皮箱，从杭州到上海，再从上海出发到山东。

后来，胡士莹写下了记录这一过程的诗歌《一九四九年元月十六日夜自杭出发，二十四日到山东坊子。又旬日挈儿子南归》："历尽艰辛汝病归，车尘滚滚扑戎衣。儿犹昔去音容是，我已新来鬓发非。千里扶持寒共暖，八年悬念瘦耶肥。慈亲舐犊情尤切，知否年年减带围。"还写下了名为《坊子，访子说》的文章，详细记述了从上海赴潍坊探望儿子的艰难过程。而留在家中的母亲也是万分焦急,从6月9日到6月30日,连写四封信寄给胡石言,表达自己对儿子的牵挂和关切之情。

靠着亲人费尽周折送来的药品,胡石言的病情才基本上得到控制。

1949年5月,上海解放,国民党的联勤总医院被接管,更名为上海第二军医大学医院。胡石言通过战友,医院内科队队长陈实、外科队队长李兰丁的联系安排,转入该院治疗。当时,上海的医疗条件是比较好的,尤其是有一批留用的专家,如尤大栋,加上外请著名胸科专家黄家驷、吴绍青,针对已是团级干部的胡石言的病症进行会诊,制订治疗方案。胡石言被诊断为肺结核晚期,两侧肺叶都有钱币大小的空洞,颈部的淋巴结核穿孔,局部坏死,决定实施肺叶切除手术,并且相应切除肋骨,而手术后将造成身体形态的歪斜塌胸变形。

治疗过程中,胡石言表现出一个战士的勇气,以及对生命的阳光态度。他相信自己年轻身体的抗病修复能力,也不愿意在脖子上留下一个伤疤,因而拒绝了肺叶切除术。受肺部结核菌的感染而患上的颈部淋巴结核,主要以药物治疗和伤口清洗的办法逐渐得到了愈合。他相信肺部的坏死病灶以药物治疗,配合自己的耐心养息,也同样可以愈合。结果也真的如愿以偿,依靠注射链霉素和其他抗结核药,加上自身抵抗力,胡石言病情得到了缓解,安然度过了危险期。

正是在住院期间,胡石言得到了人生最重要的两大收获。一是创作出了他最著名的代表作,中篇小说《柳堡的故事》,另一个是结识了他的妻子余金芬。

余金芬,出生于1929年,江苏省无锡市堰桥镇人。父亲是建筑木工,母亲务农兼照料家务,家境不富裕。但是,没有文化的父

伉俪情深

母却很重视儿女的教育，余金芬是家中的长女，且聪明好学，父母省吃俭用供她上到了高中。之后，她不忍再用父母的辛苦钱，选择了无锡市里的普仁医院高级护校继续就学。这所教会学校所收学费较低，相当于五斗米的钱，但是，女学生们要以勤工助学，学以致用的方式进行学习，一年级开始就进入病房做护理工作。

新中国成立后，余金芬在上海第二军医大学医院工作。作为内科助理护士长的她，其职责之一是巡查内科所有的病房，卧病的胡石言主动搭话，简单了解了她的出身及家庭情况。从外表来看，余金芬是典型的江南女子，秀气娴静。而性格则热情真诚，内心善良而纯真，工作也非常负责。这一切，默默地吸引和打动着胡石言。他对这个单纯美丽的江南女孩产生了浓郁的兴趣。但胡石言担心的是自己的身体能否恢复，能否以健康的身体给予所爱的人幸福。因此，他一直把自己的情愫埋藏在心底，两人的交往始终保持着同志式的友好，与其他人相比没有什么异样。而在余金芬的印象中，他是一个很有才华，个子高高的年轻军官，会画画、会用橡皮泥捏成小猫、骏马。但是有点清高，每次遇到查房，他都面朝窗外。

1951年，余金芬参加了抗美援朝医疗队后，去了丹东前线，胡石言与她的通信也是连并大家一起问候的。一度因为前线战况紧张，部队调防，胡石言失去了与余金芬的联系，经与抗美援朝手术队队长李兰丁联系，才重新联系上余金芬。经过两三年的书信往来后，胡石言的病情也逐渐好转，他觉得自己一定能够恢复健康，终于向清纯甜美的余金芬表白了自己的感情，并且也解释了查房时背对医护人员的真正原因。胡石言考虑到自己患有传染性极强的开放性肺结核病，一定要自觉隔离。站在打开的窗前，呼吸是对外的，尽可能不传染他人。

胡石言的才华和为人真正地打动了同样善良正直的余金芬，1955年，两人在南京结婚，长达数年的友谊和爱情长跑有了最终结果。1957年，生下女儿胡月。1958年，儿子胡朋也降生了。

尽管有人觉得他们二人不够门当户对，余金芬也曾经担心胡石言的知识分子父母不喜欢自己，但是，胡石言却完全没有任何芥蒂，他跟余金芬说，他们俩有最重要的共同一致的地方，那就是人品真、善，这就是真正的门当户对。而且，余金芬的热情真诚和善良也深得胡石言父母的喜爱。两人结婚四十六年，一辈子恩爱和谐，堪称模范夫妻。

妻子给予了胡石言工作上最大的支持，平淡的日常生活中也不乏爱的温情。

刚结婚不久，由于工作需要，余金芬作为骨干，从上海第二军医大学医院抽调参加安徽当涂的解放军八六医院的建设，在当地工作长达十年时间。在这期间，经过努力学习和考试，余金芬从护士长转为医生，成了一名真正的军医。期间，不少人找机会调回了南京，但胡石言没有去找过任何人，直到1964年，胡石言为时任南京军区副司令员的郭化若写材料，郭化若知道他们两地分居的情况，才把余金芬调回南京。

两地虽然不算太远，但他们就只能做周末夫妻。有老人在家的时候就靠老人帮着照顾，老人不在家的时候，胡石言就只能自己管自己，不得不到食堂就餐。但距离丝毫没有影响他们的夫妻感情，相反却给了他们恩爱表现的机会。十年间，两人写了几百封书信。每个星期六下午，妻子从当涂乘车返回南京，胡石言都会准时到火车站去迎接，到星期天晚上，他又会亲自把妻子送到车站。十年如一日，风雨无阻，几乎从来没有过间断。这也成为他们邻里之间的佳话。

这些书信往来和辛勤接送，是他们浓厚爱情的见证。胡石言是一个守信守时的人，每次火车到站，坐在车里的余金芬就能看见翘首以盼的胡石言已守候在站台上。胡石言写给余金芬的几百封信件，至今依然完好如初地被余金芬珍藏着，这些书信从未昭示于人，连子女都没有资格看。可以想象，这些书信中表达了胡石言对妻子怎样的眷恋和深情。

他们夫妻之间也有一些趣事，可以反映出胡石言的某些性格。胡石言平素是比较严谨的，但余金芬的母亲却性格非常爽朗。当胡石言的小孩出生后，她来帮着照看小孩子，经常是大嗓门，让家里热闹许多。一开始余金芬还担心胡石言不高兴，结果却发现丈夫与母亲相处很和谐融洽。胡石言跟人说，岳母性格直爽，没有心计，是真正的好人。

这对夫妻的爱情在"文革"期间也经历了磨难。"文革"开始后，胡石言即作为走资派被"打倒"批斗，并隔离起来。余金芬当时在南京军区八一医院工作，也因此被批斗，被勒令写检讨，要求与胡石言划清界限。余金芬对胡石言的为人坚信不疑，认为即使有错误，也应该给予改正的机会。长达八年的时间里，夫妻俩聚少离多。起初，还允许胡石言给家里写信，因此而留下了十几封信件。后来胡石言被下放到军垦农场劳动，就连写信的资格都被剥夺了。

"文革"中农场时期的胡石言

生活所迫,一家人分居三处,家中的大小事务全部留给了家中老人。不过,磨难却让他们的感情更加深厚和牢固,尽管见面的次数不多,但每次见面,都是相互的安慰和温暖。外在的环境虽然恶劣,但家庭的温暖足以帮助胡石言顺利地度过政治的严冬。

作为一个律己甚严的军人,胡石言对儿女的教育是宽松活泼加严格要求,即便是在"文革"隔离时期,"文革"时期,尽管自己身处逆境,在外地改造,但每次写信回来,都会叮嘱子女一定不能够娇气,要多做家务,多参加集体劳动。而且,他非常看重言传身教,每次都是以身作则,潜移默化地影响着子女们。

他非常看重思想品德,特别是要求子女要勤快和独立,他说:"人不能有嗲骨头和懒骨头。""嗲骨头"指娇气任性,"懒骨头"指懒惰无能。虽然家里有老人和保姆做家务,但是子女都分派有家务事的承担,个人的内务更是要求独立完成。

受家庭影响,尤其是母亲的影响,胡石言的作息非常规律,房间里的陈设和物品摆放得非常整齐美观。他的手稿也是如此,遒劲而工整的笔迹，一本本、一摞摞，像艺术品一样美观可观赏，像科学研究资料一样严谨可推敲。他在家里写作，总是按时坐在写字台前，或伏案疾书，或苦思冥想。他给自己定的指标是每天至少七千字，无论写自己的稿子，还是帮别人改稿子。他的勤奋刻苦和整齐有序，也影响着家人。当他坐在桌前，所有的家庭成员都会保持相对的安静，各自做好自己的事情。

当然，胡石言并不缺乏生活情趣。他很善于营造家里的快乐气氛，将普通的生活内容变得快乐有趣，凭借非凡的记忆力和口才，他给儿孙们讲故事说笑话，中外古今，张口就来。有他在的地方，就充满了文化艺术的气氛，朝气勃勃。女儿属鸡，儿子属狗，他经常对儿女以"鸡""狗"相称，孩子们吵嘴了，他就逗趣说"鸡犬不宁""鸡飞狗跳"。利用笔耕的间歇，他绘声绘色地给上小学的外孙和孙女完整地讲完了《基督山伯爵》。

另外，胡石言还教导子女们要重视仪表美和形体美。在这方面，胡石言真正是做到言传身教。他一辈子都很重视个人形象。他并不讲究衣料，但穿衣服总是非常整齐，腰背更是挺得笔直。高高的个子，挺拔的身材，加上爽朗的性格，宽厚的笑容，胡石言确实可以算一个标准而帅气的军人。

为了保持身形，他很注意锻炼身体，并严格控制饭量。工作期间，按行政级别，他可以坐小汽车上下班，但他基本上都是骑车，而且还喜欢骑快车。到六十多岁了，还每天骑自行车一个多小时，早晚做健身操，因此能够一直保持中年军人的标准体形。正因为这样，胡石言的外貌一直都显得年轻，实际年龄已经六七十岁了，还有人把他当作四五十岁的人。对此，胡石言心里感到很是骄傲。

爱美，并不意味着奢华。事实上，胡石言认为一个人的仪表来自健康和朴素，来自对社会多贡献，少索取的人生追求。朴素也是他教育子女原则的重要一条。他自己的生活也是非常朴素的。除了军装，他出客的衣服只有两套很普通的西装，一只戴了多年的手表是地摊上买的，不到十元钱，出国穿的一件化纤衬衫仅花了七元钱。他去世后，女儿检视其遗物，惊讶地发现父亲的衣服少之又少，五斗橱最下面的一个抽屉装下了他所有的内衣裤。

在胡石言严格而又灵活的教育下，他的一双儿女都得到了比较好的发展。1977年恢复高考，儿女双双同时考上了大学，分别从工厂和农村走进校园。大学毕业以后又都在大学从事教育工作。

1994年，胡石言患上重病，因为无法确诊病症，无法进行有效的治疗。一年的时间内，胡石言的病情急速发展，从吞咽困难，口齿不清和走路不稳，直到完全失去任何的行为能力和无法交流。

从胡石言生病卧床，直到2002年去世，八年间，余金芬担负起日常护理的主要担子，她倾注了深厚的情感，发挥了出色的专业水平，坚持每天到岗，无微不至地照料。她在病房里的一举一动，感动和影响着所有来探访的亲朋好友，以及医护人员和病人家属。护理长期卧床病人不仅需要专业技术，更需要体力、耐心和细致，余金芬很乐意分享自己的经验给大家。多年以后，她似乎又像当年的护士长和军医了，在病区里发挥着作用。一位护士长评价，她为大家树立了坚强乐观的榜样，为病区带来了镇定安详的氛围。

余金芬对子女们说："既然已经损失，我们就要努力，把损失降到最低。如果我们能从中收获，损失就更小了。"她还说："你们的爸爸说过，要学会不为自己掉眼泪。"当胡石言多次出现病危之后的再一次病危，医生征求意见，是否要切开气管和做心脏复苏，余金芬表示没有必要了。她冷静地坐下来起草讣告，遵从胡石言的遗嘱，将遗体捐献给医院，不开追悼会，通知亲朋好友不要前来，一切从简。

在那时，中国遗体捐献的比例极低，几乎无人问津，医院都没有像样的解剖室，胡石言的遗体解剖是在公安局法医解剖室进行的。解剖取出了完整的神经束，配合上胡石言的完整病史，可供南京军区总医院做研究。当遗体摆放在手术台上的那一刻，主任医师说，这是优秀护理的案例啊，卧床8年，竟然没有一处褥疮！

而丈夫的离世也没有让余金芬丧失对生活的信心。她又和女儿、儿子一道精心保管和整理胡石言留下的文稿，整理出版了《石言文集》。她经常翻阅胡石言写给她的书信，在每封信上写下注释和自己的感想，表达自己对丈夫的挚爱和怀念。在这本传记的写作期间，已经年届九十岁高龄的余金芬身体依然非常健康，也非常热心地给作者提供材料和讲述往事。每当她回忆起与丈夫的点滴细节，眼睛中依然还可以清晰地看到作为妻子对爱人的深情。她说："无论我走到哪，都在心里带着胡石言。看着那些好的风景，就像我们在一起看呐。"

在胡石言生命的晚年，他写过一首诗歌《此生算得四时春》，表示对自己一生的总结，"弹雨痨魔两未赢，多有愚夫不及我，更无玉女可如卿。庭前良善抚鸡犬，笔底喧嚣跃鬼神，有官无职一身轻。"在对自己的文学生涯感到自豪的同时，更明确地表达了对妻子的赞美，和对子女的关爱。显然，胡石言的婚姻和家庭生活是幸福的。

Ⅳ 谨言慎行的日子

由于因病休养多年，也由于一直担任文化工作，胡石言没有被当成政治人才培养，而是被安排做了文艺干部。

1955年，南京军区成立。也就在这一年的年初，胡石言被任命为南京军区政治部文化部文艺科副科长，之后，在"文革"爆发前，又担任南京军区前线歌剧团团长，正式开始了部队文艺干部生涯。

应该说，对于胡石言来说，落户南京是一个相当不错的去处。其一，他是浙江人，妻子本就是苏南人，两人对南京的生活和气候都比较适应。妻子家的老人更便于帮他照应家务。其二，也是更重要的，与浙江一样，江苏也是文化传统非常深厚的地方，南京作为六朝古都，特别是作为民国时期的首都，文化底蕴很深。著名的中央大学就位于南京，其中文系拥有胡小石、陈瘦竹、陈白尘、吴奔星等许多著名的文学界、学术界人士，文学创作基础也很好。一些青年作家也开始崭露头角，如艾煊、高晓声、陆文夫、方之、梅汝恺等等。这些青年作家的思想活跃，创作了《小巷深处》《解约》等优秀作品，还在1957年创办《探求者》刊物，发出了在全国很有影响的独特声音。虽然当时部队与地方的联系相对比较少一些，但在这样的文化氛围中，胡石言至少不会觉得陌生。

当时南京军区的文化氛围同样是很活跃，环境也相当开明。军区负责创作管理的部门是政治部，先后担任部主任的是肖望东和鲍先志，二人都是有一定素养的文化军人。与胡石言共事、交往也比较多的文化人士还有赖少其、沈西蒙、沈亚威、黄宗江、黎汝清等人。在这样的环境下，南京军区的文学艺术在全军处于领军水平，先后产生了《柳堡的故事》《霓虹灯下的哨兵》《东进序曲》《红霞》等优秀的电影文学作品。

胡石言口才好，知识渊博，写作能力又很强，在南京军区政治部，算得上很有水平和影响的文人笔杆子了，领导对他也很赏识。加上他为人温和，既讲原则，又无傲气，群众关系也处得很好。

胡石言刚刚新婚不久，母亲陈秾于杭州病逝。这是一次让胡石言非常难过的家庭变故。他从小在母亲悉心教育下长大，1942年离家参军，八年不见父母亲，现在好不容易生活安定，母亲却又英年早逝。悲痛之下，胡石言只能无奈感叹天不从人愿，并将自己的孝心全部奉献给父亲胡士莹。

胡士莹新中国成立后一直任教于杭州大学，妻子去世后，生活难免孤独。为了缓解父亲的寂寞，胡石言在儿子还小的时候就将他送到父亲家，陪伴老人。直到"文革"开始后，有人借题发挥攻击胡石言，他才把儿子接回南京。

1950年代的政治运动是比较频仍的。很快，又一次大的政治运动就到了，那就是1957年的"反右"运动。在这场造成了五十万右派的运动中，胡石言的几个好朋友，如沈默君、宋词、白桦、陆文夫、高晓声、叶至诚、方之等人都被打成了右派。

胡石言有幸躲过。这当然首先与军队相对宽松的环境有关，部队作家中的右派比例相对地方来说小了很多，陈沂是其中最有名的。更重要的是，胡石言的性格和为人起了重要作用。一般文人都比较自由豪放，说话很少遮拦，也不太注意分寸。这应该是很多人成为右派的原因之一，当然这不是主要原因，有指标，有名额，必须完成多少个指标，才是许多人沦为右派的根本。

胡石言为人特别谨慎，不写日记。在1993年写给一个文学朋友康健的信中，他这样解释：

> 我写日记的事，不便于对青少年发表的。因为解放以后，我写了不少。一直写到了1955年。那时来了肃反运动。我虽然是我们文化部肃反的组长，但同样要"抄查"一切文字记载的东西，包括个人的日记。我明知这是侵犯人权的行为，是非法的。但这是上级党的规定，是所谓"无产阶级专政"的行为。我当然没有什么反革命的言论，但在运动结束后，我就把记的日记烧掉了，并且再也不记日记了。下决心在中国共产党人还不懂得尊重人权以前，不再把自己的思想写成文字给人"抓辫子"。所以我是没有什么日记的。这，当然不能写成文章发表。

1957年以后一段时间我倒有另外一种日记。就是从我的女儿（第一个孩子）出生之日起，我给她写了一些"小月日记"（她小名叫小月）。进入婴儿的"角色"，用婴儿的口吻写的日记。虽然维持不很久，但倒是很有味道的。至今还保存着。①

　　在与友人的通信中，他这样坦诚："从1956年开始，我便经常是'评衡左右费思量'。我曾发觉自己对当时所谓'右'的东西较能体谅甚至喜爱，对'左'的棍棒相当愤懑。我弄不清为什么，只是警惕自己不要右了。所以在当时的几篇作品中，未敢接触生活深处的矛盾。"（《面对大海的沉思》）

　　所以，从内心世界来说，胡石言是有独立思考、有大胆想法的，只是性格稳重，行事考虑较多，很少冒失说话。当有机会说真话的时候，他也会有大胆的言论。有一次党组织动员说真话，胡石言的言辞就颇为激烈："我们的党内民主不足，社会主义民主不足。""我觉得这几年毛主席对右太严，对'左'太宽，使一些人宁'左'勿右。张春桥的破除资产阶级法权的文章是刮'共产风'的起因之一，张春桥为什么不检讨？"等等。（《面对大海的沉思》）在当时背景下，说这些话是需要胆识和勇气的。而说这些话的结果也证明了这一点。"文革"一爆发，有人就把它当做胡石言的一条"罪状"，书写在批判胡石言的大字报上。

　　胡石言发表如此激进的言论当然不多，他更多的情况是，对许多事情尽管心中有想法，却最多和家人发泄几句，在外人面前很少吐露真心，也很少臧否人事。他所在部队有位领导，胡石言非常看不惯，私底下的概括是："思想保守，态度顽固，鸡毛蒜皮，斤斤计较。"但他从没有在人前表露出来。所以，反右运动

---

① 康健：《石言》，http://blog.sina.com.cn/s/blog_131a856e70102v971.html。

后，有一次，他私下里跟家人感叹说，自己的想法其实跟一些右派很接近，只是他没有把话说出口而已。这从根本上是性格使然吧，如果硬要素来儒雅端正的胡石言去做一个炮筒子，也不是太现实的事情。

另外，胡石言在为人处世上，也一贯谦和，律己很严。既不做违背原则的事，也很少与人争利益。因此与同事、领导关系都处得很好，很少得罪人。而且又与人为善、热心助人，大家对他口碑很好，应该也与他能够躲过"文革"前历次政治运动有关。有这样一件事多少可以反映出这一点。对胡石言来说，这可能是一件非常小的事，但对于另一位当事人来说，却是改变人生的大事。

"四清"运动中，部队去地方支教，在江苏东海一个偏僻的海岛，胡石言结识了一个当地干部。当地生活环境差，干部有个女儿，因为缺钱医治，患小儿麻痹症，导致留下残疾，行走不便。女孩内心脆弱，对前途失去信心。尽管胡石言身处逆境，但还是乐于助人。他了解后，给予了女孩非常多的关心。开导她，给她买图书和学习用品，引导她积极向上。

后来，与海岛工作关系结束后，胡石言回到部队，也依然保持通信，鼓励她，瞒着家人给她寄钱。后来，因为"文革"爆发，胡石言受难，女孩与他失去联系。直到"文革"结束后，姑娘在报纸上看到一篇刊登胡石言近况的文章，才与胡石言及家人再次联系上。这时候，当初的小女孩在胡石言的鼓励下，顽强努力，已经考上了上海一所大专学校，毕业后和丈夫一起回到海岛开诊所。她一直跟人说起，胡石言是她第二个父亲。

在紧张而不无奉献的生活中，胡石言并非完全被动，而是如评论家方全林所说，他也是有所思考和调整的："他的'政治和文学相结合'的特点使他在政治上较为敏感，能比较自觉地学习马列主义、毛泽东思想，重视反'左'、反'右'两条路线的斗争，因而除'文化大革命'之外，对历次政治运动和文艺战线的变化基本上能做出适度的反应，有利于稳定和凝聚创作队伍。"①

胡石言自己后来也说过："从1956年起，我便开始留意路线斗争。……从1957年起我意识到我的基本倾向应是反'左'，对一些'左'的论点和措施总是很反感；但我的这种情绪和当时占主导的思潮显然有抵触，我对此十分警惕。所以我当时虽和江苏'探求者'文友们在思想上相当一致，我却考虑军人的身份未参加他们的宣言。"(《我这一辈子》)

从现实角度说，胡石言在当时时代环境中，也无奈做过一些不太情愿的事情。比如在"大跃进"运动中，胡石言也书写过响应时代号召的应景之作，在全民写诗、当作家的"新民歌运动"中，胡石言也从自己的岗位要求出发，搞了一个大规模的"诗歌运动"，提倡要求"人人写诗"，还提出半年创造"万首诗歌连"，结果，许多部队瞎忙活，"创作"出了非常多的应景诗歌。

但从内心来说，胡石言是有不同想法的。特别是对"大跃进"运动，胡石言并不赞同。他在少年时期学习过空想社会主义思想，对"大跃进"运动当时的中国农村社会也有一些了解，深切感受到许多做法很荒唐，历史上的乌托邦主义者早就试验，也已经失败了，是完全脱离生产力发展规律的行为。在与朋友交谈中，他甚至说过"如果这也算共产主义，我这个共产党员不愿为之奋斗"这样的话。不过因为胡石言在机关的表现一向很积极，人缘又好，这些话就没有人去追究，他仍然立功受奖，评为"建军先进分子"。

1961—1962年是思想稍微解放的时期，陈毅在广州会议上发

---

① 方全林：《石言》，收入《胡石言研究资料》，沈杏培编，人民文学出版社2016年版，第188页。

表讲话，对当时文学界过于严厉的批评风气进行了一定的纠偏，对创作的自由度表示了一定的认可。当陈毅的讲话精神传达下来后，胡石言非常高兴，在即席发言中，明确地表达了自己的喜悦心情，还对当时一些"左"的现象进行了批评。

但是，很快，社会政治风气又有大的改变，特别是毛泽东"千万不要忘记阶级斗争"的语录出台，形势又向"左"的方向转。在这种环境下，胡石言只能是越来越变得苦闷和寡言："于是此后几年我在政治路线、文艺路线上又处于迷茫的状态，工作和写作都很少成绩，内心深感苦闷。"（《我这一辈子》）

对于自己在"十七年"政治运动中的"幸运"，胡石言少有庆幸，更多是自责。他觉得与那些敢于直言的右派朋友相比，自己太缺乏勇气，过于谨慎小心了。特别是到了晚年，他经常反省自己，一次，他跟女儿说："我这辈子缺一个处分。"这句话的表层意思虽然简单，内涵却相当复杂，折射出胡石言深刻的自我认知。

无所不在的巨大现实压力，以及由此而产生的强烈内心苦闷，自然会对胡石言文学创作才华的发挥构成很大的制约。文学，不管在任何时期，最需要的是激情，是自由的心态。缺乏了这一点，是不可能产生出真正有创造力的思想和作品的。文学史上真正能够流传下来，创作出旷世之作的作家，基本上很少有性格谨慎的人。这也许是一个逆反吧。

就此而言，谨慎的性格对人的生活当然肯定是好事，它能够避免许多无妄之灾，避免打击、伤害和坎坷，但对文学来说，却可能是坏事。古人云："文章憎命达。"就是这个意思吧。

就当代文学来说，类似性格的曹禺、叶圣陶，也都遭遇差不多的创作命运吧。虽然胡石言的成就尚难以达到前二者的高度，但原因也许有共性。

推而广之，文学之外的学术又何尝不是如此呢？

第三章 《柳堡的故事》：时代与个人的契合

I 故事的起因

《柳堡的故事》创作于1949年。当时，胡石言正在南京军区总医院治疗肺结核病。因为颈部受到创伤，医生叮嘱，只能仰卧在病床，不能外出。对于一直在战争中忙碌的胡石言来说，住院算是非常难得的休息时间了。一静下来，战争中那些让他难忘的人和事就迅速涌上心头，让他心情激动，难以自制。于是，他在半仰卧的姿态下，以很快的创作速度，写下了这篇中篇小说。对于胡石言来说，创作这部作品只是久藏在心中感情的一种自然迸发，但让他没有想到的是，这部小说却造就了他一生最大的荣耀。

小说初稿写完，胡石言心里却不太有底。一是艺术水准上。毕竟多年没有正儿八经写过小说了，质量怎么样一时也拿不稳。再就是思想上。作为一名军人，他觉察到自己的题材还是有敏感度的，是否触碰到某条政治线，他确实没有把握。于是，他把手稿拿给军区文艺界几个信得过的领导和朋友审阅。结果出乎意料，获得大家一致好评，认为小说"自然真实""很成功"。在朋友们的鼓舞之下，胡石言将作品交给南京的《文艺杂志》（月刊），在1950年第3

期作品就面世了。

南京是一座历史文化名城,近现代的战事也非常频繁,共和国成立前,这里更是国民党政府的首都,因此,城里驻扎的军人很多,军事题材文学也很能吸引大众。《柳堡的故事》非常切近现实军人生活,又涉及军人的爱情问题,自然容易得到大家的注意。果然,小说发表后,反响很好。《新华月报》立即进行了转载,作品还被收入华东新华书店出版的《文艺创作丛书》,后来更被翻译成英、德、匈、印等多个外文版本在国外出版,应该是"十七年"时期很有影响力的小说作品了。

虽然还不能说胡石言凭借一篇《柳堡的故事》就在文坛上崛起,但它却足以让人们对他充满期待。这一年,胡石言才二十五岁。

小说的故事并不复杂。抗日战争中,新四军驻扎在苏北地区一个叫柳堡的景色优美的水乡,一班长李进朝气蓬勃,作战勇敢。他们班的房东有父亲和儿子小牛、女儿"二妹子"共三人。一开始,他们对新四军有误解,但随着了解的深入,相处得非常融洽。在这一过程中,李进与二妹子互生情愫,产生了美好的感情。在战争时期,战士和当地姑娘谈恋爱是违反纪律的,因此,这让李进深深地陷入痛苦之中,也引起了其他战士的注意。在连队指导员"我"的开导下,李进端正了思想,明确了更高的战斗要求。但正在这时候,二妹子被当地恶霸势力欺侮,幸好有新四军队伍帮助,让二妹子和家人逃离苦难,重新开始新的生活。不久,李进随部队南下,二妹子怀着依恋的心情送别了李进。很快,抗战胜利了,在一个春光明媚的日子里,李进随部队来到久别的柳堡,他发现,当年文静的二妹子已经成为一位开朗能干的女干部。情人喜相逢,但两人还是约定,待革命取得最后胜利后重逢。

直接触发胡石言创作灵感的,是他的一次亲身经历。对此,胡石言在《柳堡的故事》创作谈中有大致的介绍，而朱培华《"柳堡——丁山"：一段永恒的纪念》一文则对此有更细致的记载。

那是1945年，胡石言所在的部队已经离开苏北，南下到了浙江的天目山地区。有一次，他下连队检查通讯工作，认识了一个连队的副班长，也是他们《战斗报》的通讯员徐金诚。通讯员觉得与胡石言很相投，就送胡石言回部队。途中，两人在一个小山坡上坐下来休息，徐金诚向胡石言倾诉起了自己的心事。

原来，当部队还在苏北时，他与村子里房东家的女孩产生了纯洁的爱情。但部队要南下，他一时非常矛盾，也很痛苦。但最后，他还是离开了姑娘，来到了浙江。限于部队的纪律，他不敢跟任何人谈起这件事，但心中却一直很是压抑和痛苦，同时也担心自己万一在战争中牺牲了，这点心事都不会有人知道。现在见到胡石言，感到他可亲可信，才跟他说起这件事。

胡石言很感动徐金诚的信任，也很理解他们之间的感情。他问徐金诚是否与女孩说定了。徐金诚说，自己不敢说定，因为自己是军人，说不定哪天牺牲了，担心会耽误女孩的青春。胡石言望着小伙子真诚质朴的脸，听了非常感动。然而，很不幸的是，在不久后的一次战役中，徐金诚英勇牺牲了。1949年，胡石言的部队又回到了苏北，胡石言又想到了徐金诚和他的那位房东女孩。他很想托人去寻找那位姑娘，把这不幸的消息告诉她，但因为掌握的信息太少未能找到。

在战争年代，这种经历不只发生在徐金诚一个人身上，而是具有相当的普遍性。可以说，在战时情况下，青年战士和年轻女孩的一见钟情并不鲜见。因为战争摧残、压抑人性，而人性总是存在，对爱、对幸福、对异性的追求是任什么都无法压制的。

在《柳堡的故事》创作前后，胡石言只是讲到战友生活是故事的来源，但其实，他自己也有过类似的经历。

他当年的战友韩风在《〈柳堡的故事〉的原始版本》中就写到，1947年下半年，时任四纵十二师三十四团政治处宣传股股长的胡石言和副股长陈庆良，以及韩风等人在部队行军途中，胡石言跟战友们讲过他自己的经历：

1944年4—5月间，新四军一师主力攻克车桥以后，七团驻扎在宝应县的曹甸地区，我部驻在一个叫柳堡的村子里。在我们所住的房东西邻一户人家，相距不过十来米远。这户人家有一个十六七岁的小姑娘，常常穿一身花布衣裳，长得很漂亮，有一条黑油油的辫子，眼睛大大的，圆圆的，脸上还有两个好看的小酒窝。开始时，她只是以好奇的目光看着我们，对她来说什么都是那样新鲜。以后，驻扎的时间长了，她常依着自家的屋门或靠在屋前面院场上的稻草垛上，看着我们连队集合在院场上唱歌、上课，或者练刺杀、做游戏等。有时我们开饭了，她也在不远处张望着。虽然没有同她谈过多少话，但时间一长，当见到她笑眯眯地带着少女特有的羞涩神态望着我时，逐渐产生了一种说不清的、甜甜的爱恋之情，总想多看一下她美丽的面庞和一双带笑的眼睛……我们听着听着也很感动，还有一种共享幸福的感觉。我们打趣地问胡股长："你真的很爱她吗？""怎么说呢，是真爱她，但只能在心里。这是战争环境嘛，部队纪律也不允许的。"他答道。

多年以后，胡石言在文章中也叙述了自己的这段经历："我们部队当年到宝应东乡抗日游击时，我十九岁。我们报社住得较久的一家房东，有个十七岁的姑娘，美丽健康而天真。她为我补衣做鞋，和我感情很好。可惜她没有文化，我无法推荐她到部队文工团，因而我们的感情也就始终留在心底。为我们报社挑担的老陈看在眼里，说我们'老实得像菩萨'。后来部队出征南下，我们便问心无愧地挥手告别。"(《柳堡情深》)同时，他还明确将《柳堡的故事》的写作与这段经历挂上钩来："解放后我在上海住医院，有个老朋友去了柳堡，回来后到医院看望我，我问他柳堡有个某某姑娘你看到没有？他说没有看到，不晓得哪里去了。于是触动了我……"

确实，对于当时年方二十岁，正血气方刚的胡石言来说，出现这种感情太正常不过了。正是因为有亲身的感受，特别是对牺牲者的深刻同情，胡石言没有对战士们的这种超越纪律的感情进行批评，而是给予了很多的理解和同情。

在任何时代，军队与老百姓的恋爱都是被禁止的。因为它既可能会扰民，也更会影响部队的士气。所以，从红军开始，到解放战争，部队对这一条例都执行得很严厉。但是在现实中又往往避免不了这样的问题。因为战争期间，留在村子中的男青年数量少，部队中又都是清一色的男性青年战士，战士们年轻有活力，得到驻地女孩的喜爱，相互接触，暗生情愫，是很自然的事情。在从井冈山到延安再到抗战的各个时期，都不乏这样的事件发生，也有过很多的惩处案例。

当然，除了自己的切身经历，胡石言能够把故事用充满同情而非批评的笔调写下来，还与胡石言的个人性情有关。在当时环境中，有过类似经历的人肯定很多，听到同样故事的人更不少，为什么只有胡石言能够把它写出来？作为一名军人，胡石言当然知道部队的禁令，但亲身经历的生活却让他无法无视这种感情的存在，更不愿意简单化地以军事纪律来进行处理。

首先，是源于他的人道主义精神。少年时期接受的现代家庭教育以及在中外文学世界里徜徉的经历，培养了胡石言对人给予尊重和关注的意识。他自己也一样，作为一个正常青年人，对异性的关注与喜爱是非常正常的事情，身边战友所经历的幸福或者不幸的爱情故事，自然会让他联想到自己，联想到其他战友的感情生活，从而触发他的创作激情。

其次，源于胡石言对战友的真情，对爱和美的敏感。确实，战争牺牲了那么多的年轻人，许多是胡石言所熟悉的。他觉得自己作为一个军人作家，很有义务把战友们的故事写下来，将那些牺牲者的奉献故事告诉更多的人。他写《柳堡的故事》，就是想展示战友在战争中的牺牲，这种牺牲不只是肉体上，也是精神上的。

正因为这样，胡石言听到了故事，结合自己的切身感受，就触动了他创作的情怀，塑造了李进这样一个陷入集体和个人、感情和理性冲突中的战士形象，也塑造了洋溢着青春魅力的二妹子形象。

当然，胡石言当时虽然身在病床上，但其身份却是一名军人和党员，因此，他不可能把这段经历写成一个单纯的爱情故事，更不可能把它写成一个凄惨的悲剧。就主题而言，作品内容虽然涉及部队战士和当地百姓的恋爱问题，但基本主题却毫无疑问是以革命为中心。对新四军的歌颂，对军民鱼水情的赞美，以及对敌伪势力的揭露和谴责，是故事的中心。

而且，作品的基调是积极的。这是胡石言的自述：

> 1949年全国解放，我重病住院，老战友们来看我，谈起宝应地区的解放翻身，触动了我。到底，幸福的日子来到了，宝应的姑娘一定分得了土地，结了婚，也许都抱了娃娃了。徐金诚如果还健在，也会感到欣慰。继而我想到，人们往往只知道革命都牺牲生命，却不很知道，许多革命都还曾牺牲过爱情。而后者，有时比前者还更困难。
>
> 我想，把这一点写出来，该有些教育意义吧。
>
> 写到李进别了柳堡地区，随部队南征，我却写不下去了。原来，受原始材料的影响，我曾经考虑过是否能把结尾写成这

样：1949年大军南回，指导员去柳堡见到二妹子，李进却牺牲了。这固然接近曾有的事实。可是我感情上不能忍受，觉得反而不真实。是的，许多忠勇的战士牺牲了，他们牺牲得光荣，有价值；而更多的战士，却和人民一起得到胜利，得到光荣，也得到幸福。我们的时代是人民胜利的时代，大团圆的时代，阴冷的色调是不典型不真实的。这一点，后来在批判"洼地上的战役"的时候，我更深刻地感到是个原则性的问题。

《柳堡的故事》背景地是胡石言非常熟悉的苏中地区。这里既是故事原型的发生地，也是自己情感经历的地方，在"柳堡"这一地名和故事中，寄托着胡石言美好而又不无惆怅的青春记忆。但是作品中的故事发生地"柳堡"，当时并不是一个现实中的地名，而是胡石言的创造物。他将自己心中的记忆与中国传统文化结合起来，考虑到柳树是南方很常见的植物，而且，在中国文化中，"柳"本来就很有情思韵味，"折柳""垂柳"都是很浪漫的意象，因此，他把故事发生地取名为"柳堡"，寓含着将多情的"柳"和英雄的"城堡"相结合的意思。

《柳堡的故事》与他个人有密切的关系，或者说，它既是胡石言个人生活和心灵的产物，也是与时代相契合的结果。

从个人角度说，前面已经谈到过，它源于胡石言真实的生活，也源于他敏感真诚的内心世界。所以，它能够触碰这一题材的敏感地带，在思想上表现对人性人情的关注。当然，小说将思想的触角自觉局限在禁区之内，也是胡石言多年受军旅生活教育的结果。从艺术上说，胡石言早年的文学素质和文学积累起了重要的作用，作品简洁含蓄，富有强烈的生活气息，故事曲折而富有悬念色彩，以及细腻委婉的心理活动描写，都可以看到胡石言曾经接受的文学教育和文学习作的影子。

从时代角度说，作品诞生的年代在 1950 年代初。这时候，文学界的批判运动还没有开始，处于相对比较平静的时期。所以，才会诞生《我们夫妇之间》等后来被批判的作品。而且，胡石言身在军营之内，相比于地方，军队还是有它比较特殊的自由度。

正是个人和时代的契合，才造就了《柳堡的故事》这样一部具有一定思想突破，也具有较强艺术感染力的作品。特别是从吸引和感染读者角度说，这部作品获得成功是有必然性的。

但在当时的时代背景下，《柳堡的故事》也引起了一些争议。1952 年，就出现了批评文章，认为作品写解放军战士和驻地姑娘谈恋爱，歪曲了战士的形象，不真实。特别是针对《柳堡的故事》中的指导员形象。因为在时代背景下，指导员代表的是政治正确。但作品却让他说出了这样的话："我虽然是指导员，看到好看的女人也会注意一下的。"于是，批评者就指责为是对新四军的污蔑。

批评的声音严厉，政治上的调子也很高。胡石言着实紧张了一阵。但好在南京军区的高层领导对他进行了保护。早在作品刚刚问世的 1950 年，时任南京军管处文艺处长的赖少其请陈毅对小说发表意见，陈毅明确表示："我看好嘛！蛮好嘛！李进在个人问题面前，还是个英雄嘛！"当作品受到批评，引发争议时，陈毅也表态肯定："有这么多读者喜欢《柳堡》，这部作品总有点道理吧！"并且，文艺界的最高层，时任中宣部副部长的周扬也对《柳堡的故事》表示了肯定，并且支持将它搬上银幕。但是在主题上对作品提出了一些修改的建议，还是要在坚守部队军民关系纪律的大前提下，摆正恋爱题材的位置。

有了这些主流界的支持和维护，批评的声音就很快偃旗息鼓，丧失声势了。

对于胡石言来说，《柳堡的故事》是真正的成名作和成熟之作。虽然作品在艺术表现上还有略显稚嫩之处，甚至可以说，还没有

（也不可能）脱离时代所设定的思想框架和故事模式，但对于一个刚刚二十多岁的青年作家来说，已经算很难得了。作品所表现出的故事化和抒情化特质，已经初步展示了胡石言小说的艺术特征，也充分显示出一个优秀作家的潜质。

如果能够顺着这个势头写下去，胡石言的文学前景应该是很值得期待的。

但是，现实却发生了一些曲折。

II 波折：从小说到电影

说是波折，但其实也是件好事。那就是将小说改编成电影。

小说甫一发表，就有朋友提出来可以拍成电影，军区领导也很认同，特别是部队直接管文艺的领导赖少其很积极。他找到南京军区著名电影导演沈西蒙，请他联系黄宗江来参与电影剧本的改编。

黄宗江是著名电影编剧，当时在第三野战军文艺创作组，也属于南京军区建制，他已经创作过《大团圆》等剧本，在剧本写作方面有一定的名气。于是，他遵照上级的安排，在苏南一所野战医院里找到了正在养病的胡石言。

胡石言和黄宗江两人年龄相近，黄宗江年长三岁，又都有从学生到军队文艺工作者的共同经历，因此，两人一见如故，共同话题很多，很快建立了深厚的友谊。特别是在《柳堡的故事》拍摄过程中，两人几乎无话不谈。期间，黄宗江追求后来的妻子阮若珊。当时阮已经是副师级，黄还是连级干部，因此黄宗江内心颇有顾虑，但胡石言积极支持他，说："你这件外套她穿上，开始可能感到花哨了点，穿惯了也就贴身了。"于是，在胡石言的参谋下，黄宗江写好情书，递交过去。两人幸福结为连理，而事实也证明胡石言的眼光很好。黄阮二人虽然最初在地位上悬殊，但感情很好，幸福地生活了近半个世纪。

对于《柳堡的故事》的剧本改编，黄宗江也始终很谦虚，更把它当做是他与胡石言二人的友谊结晶。他多次说过："我只是《柳堡的故事》的奶娘或干娘，二妹子的亲娘是石言。"

相比于小说，电影艺术的接受面要广得多。在20世纪五六十年代更是如此，但因为拍摄电影的成本比较高，周期也比较长，全国范围看，一年也就出产为数不多的几部电影。因此，几乎每一部电影出来，都会产生很大反响，造就几个明星。像《青春之歌》《永不消逝的电波》等电影都是如此。

而就电影剧本的形成来说，由小说改编是当时最流行的事情。一般都是小说出版后产生了较大影响，就改编成电影，通过电影的改编，小说的影响范围更大，反过来又进一步推动了小说的经典化。在当时，最著名的就有《红岩》改编成《烈火中永生》，《林海雪原》改编成《智取威虎山》，以及《青春之歌》《苦菜花》的同名改编等等。

因为电影影响大，所以对电影的审查也更严格，政治要求更高。不少电影，都需要得到政界高层的批准，包括毛泽东、周恩来、陈毅这样的领导人都会参与到电影的审查过程中。即使确定改编了，需要遵守的条条框框都很多。毕竟，一部电影从上马开始，到拍摄、审查，都会引起多方面的关注。特别是涉及政治思想上的疑问，更是要经历层层审看，从直接分管文艺工作的周扬，到普通的工农兵读者，都会参与意见，影响电影的制作。

从这个角度说，《柳堡的故事》的改编对于胡石言也是一件幸福的烦恼。对于一个作家来说，作品被改编成电影当然是好事。不只是电影的影响大，观众多，而且，对于作家的知名度也是很大的提升。

对此，胡石言显然是很有心理准备的。当黄宗江提出与他合作将小说改编成电影剧本的时候，胡石言的心里是有很多顾虑的。其中最大的担心，就是对故事核心的"战士恋爱"问题，究竟如何处理，以及是否能处理好，一直心存疑虑。

事实上，电影剧本的改编确实耗费了胡石言巨大精力。从1950年开始筹划起，到1956年底剧本下厂，1958年电影正式放映，断断续续有五年半之久。期间的多次大修改让胡石言费尽心思。而且，由于工作过于劳累，胡石言这几年的身体状况也不大好。特别是1953年参加全国第二次文代会后，疲劳奔波之下，导致肺病复发，又住进了军区总院。因此，几年时间，胡石言都是全力投身于改编上，基本上没有写作其他作品。

还有一个原因，就是因为太过忙碌，更重要的是，《柳堡的故事》在改编过程中，受到许多批评，胡石言与黄宗江根据这些要求进行反复的修改和完善。这一漫长的修改过程，在一定程度上其实也是对自我的修改和删削过程，既影响了胡石言的创作信心和创新能力，对其创造性也多少有所限制。

简单地说，小说《柳堡的故事》的创作是胡石言发自内心情感，是其文学情怀的自然萌发，更多在感性层面。但是在电影剧本改编的过程中，却不再是个人的创作，改编期间举行过多次剧本讨论会，从文艺干部到普通读者，都提出了大量的批评和建议，它只能说是政治化的妥协产物，个人创造性受到严重制约。

改编中面临的最艰巨的问题是作品主题。也就是说，不能把作品的爱情主题突出，而是要强调革命主题。

这一方面有现实的担心。在新中国成立初期，从军队军官到士兵，与老家妻子离婚另娶的情况很普遍，也引起了社会上较大的反应。胡石言当然也知道这种社会现象，因此很担心《柳堡的故事》会让人产生联想，被认为是鼓动战士与老百姓谈恋爱的作品。但同时，他也不能完全否定和批判这种现象，因为现实中，这种情况太多了，而且涉及很多高级军官和干部。

因此，在一封写给黄宗江的信中，胡石言这样解释："我们部队中，最近几个月来的不良倾向，以'不正确的恋爱关系'为第一位，从班干到营干，特别是连排干部，秘密和地方妇女搞关系的不少，存在着这种思想的当然更多。"并且努力辩解："干部与参军战士（或新解放军战士）不同，参军战士大都有老婆，他们便是'革命夫妻'的问题；而干部，有不少经过抗战，或者自由在军队像李进那样，或者家庭早已音信全无，现在部队中一些指导员，这样的也不少，在他们便是一个'对象'问题，《柳堡的故事》提出的便是此。"

另一方面更是上层的要求。1954年周扬写信给改编者胡石言、黄宗江，指示道："最关键的一点是部队的纪律，特别是军民关系方面的纪律问题……因此在表现这个题材的时候，不只要表现一种纯洁的、真正的、高尚的爱情，而更重要的是要把它安置在适当的位置上。"

外在的政治环境也如同紧箍咒一样压在胡石言的头顶。1954年上半年开始，报刊上不断出现批评《洼地》的文章，指责其"个人主义""温情主义""悲观主义"，路翎写了长达四万字的文章《为什么会有这样的批评》来为自己辩解，并且进行反批评。

在此背景下，胡石言感受到的压力是可以想象的。于是，1954年5月份写的信中，拼命辨析《柳堡的故事》和路翎《洼地上的战役》的差别，以示划清界限。"《洼》（《洼地上的战役》）与《柳》（《柳堡的故事》），有本质的不同，《洼》虽然满口纪律，实质上是'反纪律'的；《柳》虽和《洼》一样有些地方曾有无纪律的行为（《洼》更少些），并且有些温情，却是拥护纪律，以纪律为达到革命成功、个人真正幸福的坚强保证的，这是从深的倾向来说的。"

并且，他还对自己最初设想的《柳堡的故事》悲剧性结局做了批判性反思:"虽然这种事情在生活中是真实的存在,却并不是历史的真实、本质的真实,并不是典型,拿出这东西来摇晃,说明战士的'高贵'的命运就是如此,这是一个原则的错误。"

剧本在送审过程中,最大的障碍就是爱情主题问题。比如,影片中涉及李进与二妹子的分离,穿插了"九九艳阳天"主题曲的歌声。结果,在送审中被打上大大的叉号,认为这里所表达的爱情色彩太强,影响了革命主题。并批评歌曲"表现了一种小资产阶级的爱情幻想","很不健康"。

但是事实上,如果失去了爱情,也就不再有《柳堡的故事》。也正如此,在"文革"结束之后,黄宗江谈到《柳堡的故事》:"现在应该坦白交代,的确是谈恋爱的故事,虽然谈得那么淡,有如柳堡的一湾流水。"

为了维护这个特色,在集体革命主题与爱情内容上保持平衡,胡石言和黄宗江确实是费尽了周折。在创作谈中,胡石言做了这样的回顾:"我们在李进的坚强和多情的矛盾中摇摆不稳(其实这是可以统一的),结果还是稍多地强调了牺牲爱情的痛苦。"

而对于坎坷曲折的创作过程,胡石言也感触多多。他的言谈中颇有如释重负的感觉:"反映革命斗争的作品,首先就是由英雄们烈士们艰苦奋斗英勇牺牲所创造的功绩。再者,在我们集体主义的社会中,绝大多数作品,又都是在集体的帮助下产生的。党所领导的革命集体帮助'柳堡的故事'提炼题材,克服缺点,并使我们作者在思想品质上也有所提高,在合作关系上也严肃融洽。我们深信,这部电影中所存在的思想上艺术上的缺点,将会在对电影的批评讨论中得到解决,为我们今后的写作准备良好的条件。"

还有一点,就是体裁上的差异。小说和电影属于不同的艺术形式,要求和特点不一样。突出问题就是电影中人物心理刻画难以像小说那样自如。"这一点,我们尝试着写过许多种方案,始终没有能够完满解决。于是只有现在这样的大段自白。我坐在观众中听着，看着，也真替演员捏一把汗。而正因为应该有高潮的地方不能出现富有动作性的尖锐冲突，也就影响到影片的节奏到后来反而弛缓了。"

因此，电影改编的过程确实是漫长而艰难的。在这一过程中，胡石言也多次产生挫折感乃至失败感，甚至，在这种情绪影响下，有几次，胡石言都想完全放弃自己，索性让作品成为真正的"集体创作"。

有一次，在众多批评意见的压力下，胡石言头都昏了，结果把电影改写成了完全脱离新四军生活的"政治传声筒"作品。以至于当时军委总政文艺处的领导都发出感叹："同一个作者，同一个题材，竟会有如此不同的作品！"让胡石言深感不安。后来，胡石言和黄宗江又商量，为了更好地服从政治时代需要，干脆把电影的时代背景从抗战时期改到国共战争时期的1946年，敌人也由日寇变为国民党军队，并相应地将解放战争时期的"大撤退""还乡团""大反攻"等因素楔入其中。这样的修改当然不可能通过，只能是又一次无疾而终。

还有一次，胡石言看到那么多人质疑《柳堡的故事》浪漫风格，一气之下，就提出将电影的名字改为"幸福的战士"，还阐释理由："因为它浓缩了主题的思想，虽然笼统一些，但包含着'为人民幸福而战''本身也是幸福的'两种矛盾而统一的意义"。

很难说清楚这些修改多大程度上出于胡石言和黄宗江的本意，但结合两人的文学素养和艺术能力来看，毫无疑问，在它们的背后有强大的时代压力存在。确实，多次的集体讨论，反复的意见和批评，以及上级部门多次的要求和指示，似乎永远看不到头的漫长改编过程，对于一个年轻的创作者来说，绝对是一种艰难的煎熬。要能够平心静气，始终以正常的状态投身在改编工作当中，几乎是不可能做到的事情。在这个意义上说,胡石言他们在改编过程中的偶有失误甚至"走火入魔"也就可以理解了。

当然,在这一过程中,胡石言也一直有所坚持。比如在对电影主题和人物的处理上。在当时背景下,这确实是一个非常棘手的问题,胡石言也非常为难:"纪律问题、部队婚姻政策问题、正面人物的缺点问题、抒情的分寸以及影片会不会有刺激部队恋爱副作用等等,都一再使我们伤透脑筋,拿不定主意。"但胡石言一直坚持将"美"作为作品最重要的元素之一。在1951年写给黄宗江的信中,胡石言这样说:"当然,李进爱上二妹子,首先是因为她美丽,这是毋庸讳言的,我要再次说明,李进那时并不是英雄,政治水准并不太高,而爱美是人类的天性。我们要注意二妹子,也多少因为她美丽。因此,对二妹子美的描写,我认为是必要的。"虽然后来,迫于形势,他的思想略有退缩和改变,但基本原则还是没有放弃。而这种坚持应该是电影《柳堡的故事》最重要的魅力所在,设想,如果电影失去了"美"的特质,又怎么可能受到那么多观众的欢迎呢?

在剧本写作过程中,胡石言与黄宗江有过几次通信,其中保留下胡石言写的六封信。从中,可以看出胡石言在修改过程中的思想矛盾,以及他从坚守到无奈地退却和部分放弃的过程。从中,我们可以感受到胡石言所经受的巨大压力,以及他内心中的复杂矛盾。

在1958年,电影已经正式公映之后,胡石言还在自己的创作谈中,进行了严厉的自我批评:"过分强调了爱情的力量和重要,我的人物为女孩子的命运和自己的爱情过分激动,李进为了救二妹子竟成为不顾纪律、不顾一切的人。我还通过指导员同情和肯定了这种个人狂热的思想感情……在小说的出版中,我世界观中的资产阶级、小资产阶级的因素确有所暴露。"(《党·集体·作者——〈柳堡的故事〉创作的体会》)

不过总体上看,胡石言和黄宗江这两位编剧是幸运的。因为他们遇到了优秀的女导演王苹。王苹是曾经参导过《一江春水向东流》《八千里路云和月》《丽人行》等著名电影的优秀导演,对电影艺术有自己的独到见解,特别是具有女性的细腻和抒情美感。正因为这样,她给予了胡石言和黄宗江充分的理解和支持,并大胆鼓励他们保持作品的抒情和美的风格特征。有一些带有个人情感的细节和话语,本来胡石言他们都有所顾虑,准备删掉,但王苹却鼓励他们保留下来。并且,王苹还建议他们添加了一些原小说中所没有的情节,如二妹子扯断围腰的带子,小牛拉李进看二姐绣的信物等等,使电影内涵更为丰满,也更具美学意蕴。

从最后拍摄出来的影片看,电影《柳堡的故事》和原小说相比确实存在较大差别。这既体现在思想主题上,也体现在美学方面。作为不同的艺术形式产品,很难简单地对二者做一个价值高下评判。但从整体上看,改编无疑是成功的。它完善了小说原作的略嫌生涩,丰富了人物形象内涵和独特的抒情色彩,更充分地展示了人性美和艺术美的特质,是一部优秀的电影佳作。

对比小说和电影,差别主要体现在这样几个方面:

其一,主人公形象发生了很大的改变。小说的主人公是李进和指导员,两个新四军官兵,二妹子只是处于被两个新四军讲述中的次要人物。但是在电影中,二妹子小英莲却成了中心人物,甚至是最重要的女主角,两位新四军则退而成为次要人物。而且,女主人公的形象内涵也大大地强化了。小说的主题是拯救,二妹子是被拯救对象,基本上是被动的。但在电影中,二妹子充满了生活的主动性,在她和李进的关系中,她是主动者。对于自己的未来,她也是这样。她主动询问关于抗战和部队中女兵的事情,并且提出要加入部队,成为一名女战士。

其次,电影艺术的画面感和色彩感得以凸显,抒情美和人物美的特点更为突出。作为一名女性导演,王苹充分强化了《柳堡的故事》的柔情美和抒情美。在电影构图上,王苹将大量具有江南风格的农村景色融入其中,结合原本的苏北水乡风貌,如风车、杨柳、板桥、轻舟,并很好地采用了富有民间和地方气息的音乐,赋予了影片强烈的诗化色彩,构成了比现实生活更为优美也更丰富多彩的艺术画面,使诗意和浪漫成为电影的突出特征。

其三,主题更单纯了一些。电影的主题与小说有较大差别。它不再是一个复杂的心灵冲突故事,而是成了一个单纯的爱情故事,一个歌颂故事。总的来说电影更符合政治的要求,将主题单一化、纯净化。

比如对男主人公李进的塑造,就充分将其简单化,将他塑造成一个优秀战士的形象,突出其天真、活泼、质朴、勤劳而勇敢的特征。而把小说中人物的缺点和不足都删掉了。正如有批评家的概括,人物形象的单一化正折射出作品主题的单一化色彩:"《柳堡的故事》是一个匠心独运的出情出理的故事,也是一个生活气息浓郁的、富于情趣的故事。……传导着那个特定时代的气息,使这个曲线前进的爱情故事充满生活的情趣,使得我军严肃的纪律、跟人民的鱼水关系以及李进克服缺点的成长过程得到令人信服的生动表现。"[①]总体上说,电影《柳堡的故事》基本上可以说是一个主题纯净、内容活泼的轻喜剧。

电影的成功,演员的表演是不可忽略的重要环节。在这方面,胡石言也做出了自己的贡献,这就是对女主角演员的挑选。考虑到《柳堡的故事》故事发生地在江苏,胡石言对于地方的审美和人物气质都比较熟悉,特别是考虑到胡石言所在的南京军区有众多的女战士、女演员,于是导演就把选择女主角的任务交给了他,只是提

[①] 黄毓璜:《霜叶红于二月花:石言小说漫评》,收入《胡石言研究资料》,沈杏培编,人民文学出版社 2016 年版,第 114—115 页。

出了两个标准：气质和演技都要好。

胡石言非常郑重，也表现了自己过人的眼光。他选择的是时年二十二岁的南京军区前线话剧团演员陶玉玲。期间还略有曲折。因为试镜时陶玉玲的表现并不突出，剧组就有人表示反对。但胡石言坚持自己的选择，甚至说："如果不用陶玉玲来演二妹子，我宁可不挂编剧的名。"剧组最后确定了陶玉玲，而结果看，这一选择无疑是非常恰当的，陶玉玲融汇阴柔美和青春美的气质非常吻合人物个性，人物热情单纯而又敢于追求的个性也被她演绎得淋漓尽致。如果说小说中的二妹子略显单薄，那么，通过电影的演绎，这一形象变得生动而丰满，是电影中最富感染力的形象。由此来看，作为小说作者的胡石言，对人物形象内在气质的把握是非常到位的，也从深层次印证了黄宗江所说胡石言是《柳堡的故事》"亲娘"确有其道理。

在"十七年"时期众多的军人题材电影中，《柳堡的故事》是一部艺术上特点突出，主题也颇具个性的作品。最突出的当然是它以青年男女的情感故事为中心，并且有诗意的表达，将人性的情感美、青春美和生活中的风情美结合起来，产生了很强的艺术感染力。在当时的背景下，《柳堡的故事》可以说打了一个很好的擦边球。一方面它很好地切合了时代的革命浪漫主义氛围，另一方面又融入了生活和人性的真实内容。在遵循中有突破，在规范中有真诚。在当时背景下，这是一部非常值得肯定的优秀电影。

1958年初，《柳堡的故事》在全国公映，立即引起了强烈反响。这种传播力和影响力远不是小说能够比拟的。正如有批评家所说："《柳堡的故事》拍成电影，无限地扩大了小说的覆盖面，无限地延伸了小说的生命力。"① 电影极大地拓展了小说的影响范围，

---

① 金星：《岂是梦中传彩笔 南征北战活源头》，收入《胡石言研究资料》，沈杏培编，人民文学出版社2016年版，第259页。

二妹子、李进等人物固然是深入人心，成为家喻户晓的影视人物形象，《柳堡的故事》这个作品名字也传遍大江南北，充实和美化了无数人的生活记忆。

但是，1959年庐山会议之后，随着政治形势大幅度的向"左"发展，《柳堡的故事》也被暂停放映，被政治斗争淹没数年之久。

Ⅲ 民间与政治的和谐——以歌曲为中心

《柳堡的故事》的成功，与"十七年"特殊的政治文化环境有直接关系，同时，也与作品中所融入的民间因素有一定关系。其中最典型的体现是其电影主题曲《九九艳阳天》。这首歌曲在电影中反复多次出现，不仅旋律优美动听，也很好地烘托了电影的故事内容，配合了主题和艺术效果的充分展开。可以说，歌曲的流传也极大地促进了电影的影响力。

为什么《九九艳阳天》如此吸引人？多年后胡石言总结说，是民歌帮了忙，是民歌赋予了歌曲以震撼人心的魅力。《九九艳阳天》的歌词署名是胡石言和黄宗江，谱曲者则是高如星。无论是歌词还是音乐，都广泛借鉴了民歌艺术的因素，是民歌艺术的充分体现。

对胡石言来说，歌曲创作的灵感来自他在部队中的生活积累，来源于他曾经利用地方民歌进行文化宣传的经验。在新四军期间，胡石言为了更好地做好文艺宣传，接触到多个地方的民歌和地方戏曲。现在，一进入故事的情境，他自然就想到了沉睡在他脑海里的旋律。

歌词的创作速度非常之快，几乎没有多费脑筋，一天之内，胡石言就创作出了基本的歌词。以至于黄宗江看了，在叫好之余，还颇为疑惑，怀疑歌词究竟是胡石言的创作还是借用现成的民歌。胡石言再三解释,歌词只是借用了山东民歌的某些曲调和节奏,内容则完全是自己的,黄宗江才表示叹服。

确实,《九九艳阳天》的歌词非常精彩。它不但与故事背景非常吻合,生活气息和民间气息非常浓郁,也符合时代的政治寓意,可以说是将生活美和政治美巧妙融合的佳作。正如有研究者所阐释的:

> 歌词中的"东风呀吹得那个风车转哪,蚕豆花儿香啊麦苗儿鲜"一句,就是描写春耕时节农村的忙碌,正如民谚所云九九艳阳天,否极泰来,最寒冷的冬天已经过去,春天已经到来。《九九艳阳天》也寓意这对年轻人在这个充满希望和生机的春天里,对爱情的期待和憧憬。《九九艳阳天》不仅契合个人的感情,同时也契合新中国建立之初的大背景,它不仅是个人生活的春天,更是祖国开始走向伟大复兴的春天。
>
> "九尽桃花开",天气就暖和了。我国古来民谚有云:"一九二九不出手;三九四九冰上走;五九和六九,河边看杨柳;七九河开,八九雁来;九九艳阳天。""九九"就是从冬至那天算起,一直到惊蛰前后结束。显然这里说的是冬去春来的"九九"。①

但对这首歌,当时有不少争论。邱珍《歌曲的政治:政治象征的甄别——对以〈九九艳阳天〉论辩为中心的考察》一文,非常细致地考察了1950年代围绕电影歌曲《九九艳阳天》的论辩过程,揭示了歌曲的命运。

---

① 张小芳:《激情燃烧岁月的爱情颂歌——〈九九艳阳天背后的故事〉》,《党史纵横》2013年第3期。

1958年，以《人民音乐》杂志为主要阵地，音乐界人士展开了长达一年的激烈争论。有人认为这首插曲"表现了一种小资产阶级的粉红色的爱情幻想"，"迎合了很多青年的不健康情绪"，使人在歌里"感受到的是一种软绵绵的不够健康的情绪"，"好像是又听到了解放前扬州姑娘卖唱时的那种扭扭捏捏的音乐格调，也想到了周璇唱的《天涯歌女》，二者在旋律的装饰上很相似"。有人甚至将它指责为"黄色歌曲"——在当时背景下，这一指责有可能是致命性的。

当然，褒扬和喜爱的声音更多，许多人为它作了辩护和肯定。《北京日报》《人民音乐》《大众电影》等各大媒体相继刊发了《"九九艳阳天"是一首很健康的歌曲》《"九九艳阳天"的创作方向值得研究》《战士喜爱"九九艳阳天"》等多篇文章。与此同时，也有存在批评的声音，如《不应该过分推崇"九九艳阳天"》《这不是一首好的爱情歌曲》《"九九艳阳天"唱起来不对劲》等文章。李焕之、瞿希贤、李凌、谭冰若等著名音乐家都肯定了这首歌，认为"这是一首比较成功的爱情歌曲，其情调是委婉动听的，旋律比较优美，并且有令人感到亲切的南方民歌的特色"。不管争执结果如何，《九九艳阳天》作为一首地方色彩浓郁的爱情抒情歌曲，在全国各地，特别是在农村青年中到处流传、家喻户晓，是毫无疑问的了。[①]

特别是在普通大众中，歌曲受到了普遍而特别的喜爱。研究者邱珍在《歌曲的政治：政治象征的甄别——对以〈九九艳阳天〉论辩为中心的考察》一文中细致地阐述了歌曲所带来的盛况：

> 自《九九》问世后，比较知名的音乐刊物如《歌曲》《北京歌声》《群众歌声》《广播歌选》纷纷予以刊登，一时间，这

---

① 张茜：《〈柳堡的故事〉背后的故事》，《文史月刊》2009年第1期。

首歌曲成了广播电台的主要播送曲目。当然,《九九》不仅在广播中"吃香",在1958年3月2日北京市劳动人民文化宫举行的"大家唱"活动中,群众学唱《九九》的热情也十分高涨。据记载,当天"虽然天气很冷,风沙又大,但群众情绪十分热烈。有一个同志一次就买了十五张歌片带回工厂分给其他同志",可见,《九九》在发行初期便获得了较多的关注和普遍的认可。不仅如此,即便在围绕《九九》的论争中,我们也能从论辩者的文章中感受到这首歌在群众中所受到的喜爱。比如,邓映易提到了宣传队到工厂教歌的情形:"一到工厂,就听见收音机里放的是'九九艳阳天',大家嘴里哼的是'九九艳阳天',到了(宣传队——笔者加)教歌的时候,他们也要求我们唱和教'九九艳阳天',有的工厂自动印了'九九艳阳天'的歌篇,据说是怕光唱'革命人'。"声乐工作者瞿自新也提到,"在工厂教歌时,有同志提出'九九艳阳天'作为条件来学'社会主义好'",甚至"有学校用这首歌的曲调,编成双反运动的跃进歌曲"。解放军战士也对这首歌曲表达了喜欢之情:"我们文工团在部队中进行慰问演出时,战士们递条子,要求我们唱《九九艳阳天》,后来我们就作了正式节目(女声独唱),但每逢唱完之后战士们都不答应,掌声热烈,要求再唱一遍,有一次就一连唱了三遍,不但这样我们还经常收到战士们来信向我们要这个歌曲,就是我们在对地方团体演出时,效果也是一样的。"[①]

双方的分歧和争议非常之大,最后,是时任解放军总参谋长的

---

① 邱珍:《歌曲的政治:政治象征的甄别——对以〈九九艳阳天〉论辩为中心的考察》,《陕西行政学院学报》2017年第1期。

罗瑞卿亲自表态表示肯定，争论才逐渐消失，歌曲也才真正自由地进入到大众视野当中。

现在看，《九九艳阳天》这首民歌风味十足的歌曲能够得到时代的许可，当然是因为其承载的革命因素——军人、抗战、革命——才使它避免被扼杀的命运。同时，也应该与它诞生的时间有关。电影放映的时候 1959 年，正是"大跃进民歌运动"方兴未艾之际。从政治领袖到著名文豪都在大力倡导民歌，并出版有著名的《红旗歌谣》等民歌诗集。在这样的背景下，民歌色彩浓郁的《九九艳阳天》能够躲开时代政治打手们的追击，也算是一种机遇和幸运吧。

这一点，有点像"十七年"的抒情诗人闻捷的命运。在那种什么都强调阶级感情、所有个人感情都被作为"人性论"来批判的时代，闻捷的《苹果树下》等作品能够存在于文坛上，同样与其新疆少数民族题材背景，以及其军旅诗人的身份有关。如果不是这种民族背景，不是民歌的形式，估计闻捷的诗作也会被湮没于时代环境中，即使问世，也只会给诗人带来厄运吧。

此外，它之所以能够产生如此广泛影响并流传还与特殊时代环境相关。或者说，其魅力虽然主要来自其优美的旋律，以及浪漫的爱情要素，但只有在 1950 年代那种极端政治化、情感生活匮乏的时代，它才能那么引人注目，得到社会的广泛接受和追捧吧。要知道，在沙漠中，每一滴水都会显得特别珍贵，爱情故事被严重限制，仅存的浪漫就会特别受人关注。这一点，也是我们在认识"十七年"其他文学作品时所应当注意的重要前提。

而后，随着"文革"的到来，电影《柳堡的故事》受到批判，被撤下银幕，歌曲《九九艳阳天》也被作为黄色歌曲被打入冷宫，失去了被传唱的权利。

Ⅳ　价值和意义

也许以现在的眼光看,《柳堡的故事》不算是优秀作品。但是放在其具体创作和发表的时间看,它却具有不小的价值意义。否则,我们也就无法解释为什么这部电影能够在当时产生那么大的社会影响,其主题曲能够流传到祖国的每一个角落了。

首先,作品的意义在于对时代禁区的突破上。

"十七年"是一个特别讲究文化统一的时期,包括人的感情,都要完全统一在党的意识形态领域内。在当时的背景下,这种做法有其合理性,但是客观上,却导致了文化艺术的极度单一和狭隘,特别是人们正常的伦理感情,都被排除在文学艺术之外。人性、人情成为作家一般都不敢触碰的精神禁区,男女之间的爱情描写,更被严加限制。许多作品,如路翎的《洼地上的战役》、萧也牧的《我们夫妇之间》、宗璞的《红豆》等作品,正是因为人性人情问题而受到全国性的批判。

但是,人是有感情的高级动物。在任何时代,人的感情都是无法抑制的,人们对表现情感生活的文艺作品的喜爱也是很自然的事情。所以,在"十七年"时期,那些在某些情况下突破了禁区、表现了正常伦理感情的作品,很自然地得到了大家的喜爱和好评。如电影《五朵金花》《阿诗玛》就是因为女主人公的美丽多情而受到观众的高度喜爱,小说《铁道游击队》《野火春风斗古城》《林海雪原》《三家巷》等作品,也是因为在革命传奇中夹杂了一些青年男女的爱情故事,而受到特别欢迎。人们对这些爱情细节,包括女主人公们的美,都津津乐道,成为情感干涸时代很难得的情感慰藉。

"十七年"时期,人们思想饥渴,对人性怀有期盼。所以,当严厉禁锢中偶尔露出一丝生机,人们就会对它们迸发出特别的热爱和激情,对之津津乐道,甚至记忆终生。如《林海雪原》少剑波与"小白鸽"白茹之间的情感,《野火春风斗古城》中杨晓冬和银环隐约的微妙情感,以及欧阳山《三家巷》中的情感纠葛,就都曾经是一代人共同的美好记忆和心灵的滋润。至于像《刘三姐》《阿诗玛》等具有较强美感价值的电影一问世,就万人空巷,甚至有人连看几十遍,也是很常见的现象。

《柳堡的故事》就是这政治严厉中透出的一丝人性之光。虽然作品对这种情感的表现是在大的革命框架下进行的,但它敢于写战士对正常家庭生活的渴望,对异性爱的渴望,实际上已经触及到战争中的人性问题。它吸引人的地方,除了故事的传奇性,最主要的就是战士的爱情,特别是那首主题曲,超越了作品具体的政治背景,逸出了题材的范围,也拓展了作品的情感空间,是人性深处对爱和美的渴求的体现。它将符合规范的政治主题与略显越轨的浪漫主题糅合在一起,就像是杂技演员行走在钢丝线上。既不至于触怒政治,又能够给人以更多的心理冲击。这也是为什么作品一问世,在社会上产生那么大影响的原因。

当然,电影艺术的美也在作品中展现得很充分。小说原有的抒情美,在电影中被演绎得淋漓尽致。取景上,充分展示了苏北平原的地方风俗画面,自然之美和民俗之美融合在一起,自然而流畅,像一首优美的抒情诗。人物的表演也与作品的抒情美相得益彰。特别是女主角陶玉玲,以充分吻合乡村女性质朴美的形象和表演,细致真切地演绎了战火中的柔情,使整部影片充溢着动人的柔情,更富有自然的美感。在一直强化质朴,却忽略对"美"的表现的"十七年"时期,这样的电影具有突出的艺术魅力,也是具有前沿性和探索性的。

《柳堡的故事》能够顺利地问世,与其诞生的具体时代环境有关。我们一般都认为"十七年"的文化环境是艰难的,但实际上,它具有某些相对性和差异性。在某些时期，它也相对比较宽松。比如"双百方针"背景下诞生的"百花时期"，比如1962年"恢复时期"的短暂平静阶段。《柳堡的故事》小说问世在1950年，这时候，时代文学的政治规范还没有完全建立起来，存在一定自由的空间；电影《柳堡的故事》完成时则是在1957年底，它的革命、爱情主题也不悖逆于时代环境。甚至可以说，其浪漫激情与时代的"大跃进"潮流存在精神上的暗合。

而这也决定了《柳堡的故事》在电影史上的地位。2005年4月央视国际频道播放《〈柳堡的故事〉——〈九九艳阳天〉主创访谈》，著名主持人崔永元说："我个人的眼光看，我觉得写部队爱情的电影，到目前为止还没有超过《柳堡的故事》的呢。"确实代表了一代观众的心声。

电影的成功，也给小说故事发生地——准确地说，应该是虚构被落实后的地方——柳堡带来了巨大的名声。诗人黄东成曾风趣地说："文艺作品让一个小地方出名的，恐怕要算是《柳堡的故事》和《芙蓉镇》了。"让苏北这么一个原本默默无闻的小地方一下子名扬全国、家喻户晓。

柳堡本来的地名叫留宝头，后又改名刘坝头。它地属苏中地区，行政上归属于宝应县，是江苏里下河地区的明珠。这里属于河汊地区，河网交错，柳林密布，抗战时期曾是新四军的重要驻地。

一直到《柳堡的故事》问世七十多年之后的今天，这个苏中小镇依然受惠于这部作品的影响。在讲究市场效应、名人效应的今天，镇上出现了许多以"柳堡""二妹子""艳阳天"等以电影相关名词命名的地名、商品和美食店，四处洋溢着"九九艳阳天"的优美旋律，形成了一种独特的、以电影为中心的"柳堡文化"。一部电影带动了一个地方的经济和文化发展，这肯定是胡石言从来都没有想到的。

重回柳堡（自左向右：二妹子陶玉玲、胡石言、余金芬）

不过胡石言对柳堡确实颇具感情。毕竟这是留下他美好青春记忆的地方，也是赋予他一生最灿烂声誉的源泉所在。对于柳堡的事情，他都很上心，给予充分的支持。1987年，他应邀担任宝应县第一家青年文学社团"柳堡诗社"的名誉社长兼顾问，并题写了社名和刊名。1992年10月，还在"二妹子"的扮演者陶玉玲的陪同下，回到阔别四十九年的柳堡，参加了首届"柳堡诗会"即兴创作并朗诵了一首诗：

　　九九艳阳天
　　十八岁的哥哥为什么把军参
　　只为了打走日本鬼
　　只为了工人农民把身翻
　　如今走上了金光道
　　让我们齐心协力登上新天……

并且，胡石言还怀着激动的心情寻访故地，感慨于柳堡的变化和人事沧桑。写下了长篇散文《柳堡的故事》。

对于胡石言来说,《柳堡的故事》是他生命中一个非常重要的里程碑。这篇作品让他一举成名,奠定了他在全国著名军旅作家中的地位。特别是电影的传播,让他的名字在文学界名声大噪。对于一个才三十多岁的青年作家来说,显然是一种极大的幸运。

但是,从胡石言整个人生道路来看,这也并非全是幸事,毫无缺憾。创作《柳堡的故事》时,胡石言还是一个二十六岁的年轻人,正处在文学创作最好的爬坡期,如果能够顺着这个方向走下去,胡石言的创作水平应该会得到很大的提高,前景更可期待。但为了改编电影,胡石言花费了整整七年时间,也就是说从二十六岁到三十三岁,胡石言的精力基本上全部扑在电影改编上,为反复而琐细的事务所缠扰。

而且,这种改编涉及不同艺术体裁,是从小说到电影的转换。对于胡石言来说,这当然是一种锻炼,但对他小说创作的帮助却并不是很大。另外,在改编过程中,也承受了很多的指示、批评和压力,对胡石言也是一种心灵的考验。所以,就总体上看,在这宝贵的几年中,胡石言的小说写作不只是数量少,练笔的机会少,心理上反而收紧了许多。

这中间,当然最主要的是大的社会文化环境。1950 年代初期就开始多个文化批判运动,如果说之前的运动较少触及部队,对胡石言影响不大的话,那么,在 1957 年的反右运动中,包括军旅作家陈沂在内的许多军人也受到冲击,甚至被打成右派,胡石言肯定会有所触动。而胡石言在《柳堡的故事》所遭遇到的诸多"集体"批评意见,都会影响到胡石言的创作勇气,让他深深体会到政治对文学的严格限制,以及许多不可触碰的禁区。如果说他当初创作小说《柳堡的故事》,在根本上是源于自己的感情和经历,源于自己内在的生命冲动的话,那么,在经历过这些过程之后,他基本上很难再保持这份宝贵的冲动了。各种限制和批评，有形和无形地制约着他的精神，使他难以越雷池一步。

所以，在完成电影文学剧本之后的1957年到1966年间，胡石言的文学创作基本上陷入停滞期，创作的作品数量非常少。

即使是这期间创作的《翠莲》《"小研究"》《春江夜雨》《门板》《血战黑水塘——七战七捷的一个故事》等作品，也都让人感觉到被戴上了时代的精神镣铐。在思想上，它们都没有《柳堡的故事》那样具有突破时代敏感区域的力度，特别是在人物塑造上，基本上遵循时代流行的"高大全"模式，缺乏李进、指导员这样思想上敢于闯禁区的人物形象。

这当然不能说是缘于《柳堡的故事》的电影编剧工作，但肯定多少存在着一些关联。

福耶祸耶？很难说。

V　"柳堡"之后

《柳堡的故事》是胡石言第一个创作高峰，小说发表的时候，他才二十六岁。应该说，已经表现出比较突出的才华。如果在正常情况下，有了这样的起点，胡石言应该可具备创作出更好作品的契机。但是，各种原因的制约，阻滞了胡石言创作上的飞跃发展。

这中间有外在客观原因。除了前面提到的身体原因，不敢太过劳累之外，工作方面的变动也有一定影响。在《柳堡的故事》改编成电影后，上级为了发展振兴部队的电影戏剧工作，让胡石言担任了军区政治部的歌剧团团长。为了适应这个岗位，胡石言不得不改弦易辙，创作了一些歌剧作品，但这既非胡石言的兴趣所在，也都是应时的奉命之作，肯定是不可能写得好的，其中的一些作品只在舞台上有过演出，但都没有以文字形式、个人名义发表。所以，这些创作连胡石言本人后来都很少谈论,也对他的创作生涯少有裨益。

同时还有内在方面的原因。社会大的外在政治环境越来越严厉,胡石言所感受到的束缚和压力自然是越来越大。对于性格一贯谦让、谨慎的胡石言来说,现实让他感受到压力,也让他产生太多的迷惑。他不理解现实中的许多事情,包括一些党内路线斗争,一些文化批判运动,特别是对文学创作的越来越严格的限制。在这种情况下,胡石言只能以保持缄默的方式来面对现实。一方面,他不愿意盲目去追随自己所不理解的现实,不想做一个盲从时代的歌唱者,另一方面,他也不敢突破时代的限制,写出自己的困惑和迷茫,特别是当内心深处有了一些想法,却又意识到它们的不合时宜,只能还没有等到它们萌芽,就将它们扼杀在脑海中。

因此,在小说《柳堡的故事》问世之后,一直到"文革"爆发,在这十几年中,胡石言作品不多,成就和影响也不算大,比较起《柳堡的故事》,甚至是出现了创作的退步。

但是,从胡石言的整个创作历程来看,这一阶段却是不可忽略的。因为它是胡石言创作个性初步形成的重要阶段。毕竟,一篇《柳堡的故事》构不成一个作家的风格特点,只有在一系列作品中才可能得以呈现。而综合来看,这些作品也确实形成了某些共性,反映了这一时期胡石言创作上的特点,以及初步的创作风格特征。

其一,对美的特别关注。其中,最突出的是对女性美的描写。比如《翠莲》,借人物之口对女主人公有这样的描述:"亮呢,就是亮,简直有一道亮光。她那两只大眼睛,黑眼睛就像围棋黑子一样,眼白是很淡的淡蓝色的,像螺钿那样闪亮,双眼皮就像是雕刻出来的,又整齐又细洁,那睫毛呀,——唉!这么分散开来一说就不像话了。我不是文化人,形容不上。反正她那双眼睛,你们一看就忘不了。她眉毛天生是细细的,弯弯的,还有些向上飞,又秀气,又精神。她的嘴,老实说我没有看仔细,因为她经常在笑,在动,不过唇红齿白,牙齿真像是白玉镶成的。……她的瓜子脸有些黑,可是黑得淡淡的,红红的,看起来非常整洁,简直是一朵黑牡丹!"

《春江夜雨》同样致力于塑造女性的美和善:"她,齐耳垂的头发,瓜子脸,是的,她眼睛很大,眼神却温和而羞涩,她好像一个偶尔开会迟到的好学生,在张望到了些什么人,会不会笑她似的。"另一篇小说《红丫头》也一样:"一张白净的瓜子脸,包着线围巾,刘海发,细眉毛,水亮亮的眼睛,端正的鼻子……"

这样细致地对女性美的描写,在"十七年"文学中是少见的,即使在改革开放后的文学创作中,也相当突出。

其二,对善的关注。胡石言的作品虽然多是战争小说,但却普遍侧重于表现人情人性,展现战争中的朴素感情,如夫妻感情、父子之情和邻里之情等等。虽然这些感情多浓缩在革命感情的背景之下,但依然会展现出人性的某些光芒。典型如《门板》写农民战士的乡土情结,细致展示了他们对家乡、对亲人的感情。《春江夜雨》也表现了革命式的家庭感情。

而且,在这些作品中,较少直面丑和恶,而是张扬善和美,更充满着对美和善受到伤害后的叹惋和哀伤。学者的论述是很中肯的:"战争使俊美、聪慧、纯真的翠莲的家成为一个野草丛生的炸弹坑,那个作为美的化身深深印刻在人们心中的小姑娘在哪儿?作品于悲怆和惆怅之中,为读者留下一个'美'的期待。"[①]

战争不可能离开恶和丑,胡石言在生活中也不可避免会遇到这些。事实上,在晚年与子女的交谈中,他就描述过战争中的残酷和

---

① 黄毓璜:《霜叶红于二月花:石言小说漫评》,收入《胡石言研究资料》,沈杏培编,人民文学出版社2016年版,第112页。

血腥，但他没有在作品中书写下来。对于这一点，就像文学史上对风格相似的军旅作家孙犁的评价一样，存在有不同的看法。其利与弊，也很难简单说清楚。只是就胡石言来说，他不愿意写这些，除了时代的要求外，最根本上还是源于他对生活的积极理解，以及对善和美的渴望。

其三，艺术上的抒情特征。抒情色彩是胡石言自《柳堡的故事》以来所有作品的共同艺术特征。其故事中的美和善往往通过抒情的方式表现出来，而情感也洋溢在作品的每一个细节和艺术表现当中。比如《春江夜雨》《翠莲》等多部作品的开头和结尾都富有诗意，在诗意中传达着故事的悬念。还有更多的抒情化语言。如《春江夜雨》结尾浓郁的抒情笔调："窗玻璃上水流增多了。春雨，轻轻地，密密地洒着。"

学者方全林这样评价胡石言的这些作品，是很准确，也是很到位的："《春江夜雨》以深沉抒情的笔触描述战争年代年轻姑娘拼着性命对新四军伤员的救护，描写伤员与姑娘之间产生的眷念之情。那温柔朦胧的春雨，对雨夜未归的爱人的惦念，温暖的家庭氛围与战争时期艰苦生活的场景交织融汇。"[1]

无论在生活还是在艺术范畴中，善和美往往是紧密相连的，而且，它们还直接联系着人性和人情。胡石言的作品也是如此。对美的特别着力和对善的执著关注，是胡石言内在个性的深刻体现，也展示出几分人性和人情色彩。这些作品，都不只是写战争本身，而是都关联着人物的心灵世界，关注着他们的爱和痛——父母亲对子女的爱、丈夫对妻子的爱、战友之间的真挚友爱，以及对于战争给予这些爱的摧毁所表达的无声控诉。

这种人性人情色彩，或者说，对美、善和情感的真切关注，是

---

[1] 方全林：《论石言的小说》，《昆仑》1985 年第 1 期。

胡石言这些作品的价值所在，也使他具有了优秀作家的重要潜质。要知道，无论是美、善还是情感，在"十七年"的时代背景下，都是要被强烈批评和受到抨击的。如果不是有发自内心的强烈情感，要呈现出这样的创作特征显然是很难的。而这也正是优秀文学的魅力和价值的体现。

当然，胡石言的人性人情关注存在较大的局限，就是都是在政治正确的前提下。他对死难者的同情都是局限在同一政治阵营的战友和老乡内，对对立阵营的敌人毫无同情和怜惜之意。这当然是时代政治的要求，特别是胡石言作为一名军人作家，更不可能越过敌我的红线，滥表感情。但是从客观的文学标准来说，这还是一个大的缺陷，局限了其思想的深度。

而且，它们最基本的主题是歌颂革命战争英雄，但人物形象的塑造却没有真正表现出内在的精神个性，更与复杂的人性远离。"即使不是'高、大、全'式的英雄，即使有自我批判，也遵循着从'落后'到'先进'的刻板模式，而不如《柳堡的故事》中的李进和指导员那样具有温度和深度，显得苍白而平面。"[①]

"就无情的战争写出有情的小说，有它的难处，也有其讨巧的地方：患难见真情。一方面，战争带来的灾难和破坏，最足以激起催心裂胆的感情冲击波；另一方面，战争中的生死危难、血泊火海，最足以使感情受到严峻的考验。作者正是一开始就把握住了文学的基本特点，运用战争题材在'情'上的优势，为情造文，创造出一个个动情的故事。"[②] 批评家黄毓璜的论述结合时代环境，又结合战争题材文学的特点，探讨胡石言这些小说的优缺点，是具有启发性的。

[①] 沈杏培：《胡石言创作论》，人民文学出版社 2016 年版，第 7 页。
[②] 黄毓璜：《霜叶红于二月花：石言小说漫评》，收入《胡石言研究资料》，沈杏培编，人民文学出版社 2016 年版，第 111 页。

胡石言这些作品中对女性美的执著关注，对美和善的突出表现，在一定程度上很容易让我们想到另一位现代军人作家，那就是孙犁。换句话说，在某些创作特征和风格上，胡石言与孙犁的创作有些相似。如果能够让胡石言少受拘束，真正发挥自己的特长，他成为又一个孙犁不是没有可能的。

遗憾的是，时代没有给予胡石言这种可能性。

两人在政治身份上的不同也许是这种可能性不存在的重要原因。孙犁虽然也曾经是八路军文艺工作者，但新中国成立后，他就很快转业离开了部队，到了地方文化部门工作，思想和创作环境更自由一些，与文学界的交往也更多一些。正是在这样的环境中，孙犁能够突破时代的局限，创作出《铁木前传》这样的优秀作品，塑造出小满儿（《铁木前传》）、李佩钟（《风云初记》）那样个性化的"异端"形象。这些女性形象突破了时代的革命精神特征，不是完全屈从于政治对美和善的凌驾。胡石言没有这样的机会，他一直工作、生活在部队中，他只能让自己更努力地去习惯思想的遵从和纪律的遵守，难有机会突破和实现自己。

此外，两人在年龄和思想性格上的差异也有影响。胡石言与孙犁两人的家庭出身和性格都有些相似，只是孙犁有更深厚的传统文化素养，不像胡石言兼受传统文化和现代教育的影响。而且孙犁年龄要长一些，从事创作的时间也较早。在胡石言刚刚开始创作的时候，孙犁已经创作出了"白洋淀纪事"的代表作品，成为了解放区有名气的重要作家。这样，也就可以更加大胆地对待别人的批评。而胡石言真正产生影响已经是在1950年代，这时候的环境比解放区时期肯定要更严厉一些，思想自由度要低一些。作为一个登上文坛不久的作家，在如此严厉的批评环境中，他要保持和发展自己个性之难是可以想见的。

此外，性格上的差异也是原因之一。虽然孙犁性格也不能说特别强悍，但却更有韧性。这使他尽管遭受了 20 世纪 40 年代和 50 年代的多次批评，也多少影响到了新的创作，特别是在心理和身体健康上受到很大伤害，但他还是能够有所坚持，创作出《铁木前传》这样有别于时代潮流的优秀作品，成为这个时代具有突破性的优秀作家。而胡石言的性格尽管也很坚韧，但他还是缺乏能够充分表达自己思想的勇气。他尽管有很多独立而大胆的思考，但主要在私底下说说，没有真正落实为公开发表的文字，也就难以产生真正广泛的社会影响效果。

多种原因的制约，限制了胡石言在这一时期的更进一步发展。使他尽管有了《柳堡的故事》这样好的起点，却未能不断地超越自己，创作出比《柳堡的故事》更优秀的作品。

所以说，对于一个作家来说，除了文学创作能力，性格上的顽强和独立个性也同样重要，在有些时候甚至更为重要。因为文学属于更加个人化的事业，需要依靠个人力量来抗击外在环境的束缚和压力。如果缺乏这种能力，创作就很难坚持下去，更难以不断超越自己。

当然，需要补充的是，这里所说的抗击外力，不完全体现为现实的抗拒，它也可能是心灵的抗拒。典型如卡夫卡，在白天，他是一个合格的税收员，但一旦进入自己的文学创作世界，他又能够完全不为现实所囿限，成为一个具有充分创造力的伟大作家，一个宏大文学梦想的构筑者。

审视中国"十七年"和"文革"两段漫长的岁月，在现实领域进行抗击的作家确实是少之又少。当然，考虑到现实环境，对这种状况我们要给予充分的理解。因为在那么严酷的环境中，要求作家如此对抗现实，几乎是以卵击石，作品不可能发表，作家的自由和生命也难以保全。典型如张中晓和顾准，他们的命运就是真实的例证。

但是，在精神领域也同样匮乏这样的反抗者。这就更多与作家的精神有关，或者说这更多属于作家们的自我遗憾。因为现实虽然严酷，但还是不可能完全限制作家们的思想自由，对于很多作家来说，私下里进行文学创作也不是完全不可能的事情。只要有独立的精神，有对文学真正的执著和坚韧，在那个艰难的时代，也完全可能创作出优秀的作品，成为那个时代的精神见证，就如同苏联时期的白银时代文学，以及帕斯捷尔纳克、索尔仁尼琴、阿赫玛托娃的作品一样。这一层面的匮乏也许才是那一时代真正的匮乏，也是我们检视那一时代时所感到的最大遗憾。

事实上，不只是"十七年"和"文革"，从更漫长的时段来看也是如此。环境严酷的时代所造成文学和文化匮乏，与时代作家的精神有更深刻的关系。

越是在这样环境中诞生的杰作，就越能呈现出更光辉的价值。如曹魏时期的嵇康、阮籍，是那个时代精神的最强音，也是中华民族文化历史上的璀璨光华；清代文字狱背景下诞生的曹雪芹《红楼梦》更足以辉耀整个黑暗的文化侏儒时代。——但让人略感诧异的是，在今天，人们谈论魏晋和清代这样政治严酷的时代时，很少有人从这个角度去认识嵇康和曹雪芹们的价值，反而对因为顺从时代而获得某些成就的文人大加褒扬。

最典型的当然是横贯整个清代的考据学。不是说这些考据学没有学术价值，但是，它们总体上是柔顺精神、服从思想的产物，即使不说考据学的盛行窒息了中国文化的创造力，即使在精神层面，它们也不应该被给予过高的评价。在有些时候，拒绝写作比顺从式的写作更有价值，至少它保持了精神上的独立，是以一种空白的方式表达对现实的拒绝。

第四章　艰难时代：困厄中的生存

1966年，"文革"全面爆发。

在距离"文革"发生已经半个多世纪的今天，人们对于它的记忆已经相当模糊，认识也越来越多元。但是，牢记并且总结这场运动应该是永远的工作，因为它既严重伤害了当时中国几乎所有人的生活、尊严乃至生命，也永久性地损害了珍贵的中国传统文化遗产，更重要的是，它极大地伤害了社会正常的伦理文化，也就是人与人的正常关系。对于一个民族的维系来说，健康的文化伦理非常重要，而一旦这种伦理文化受到伤害，恢复的艰难程度也许不亚于一次残酷的民族战争。特别是将"文革"与稍后的改革开放历史结合起来看，"文革"所导致的伦理道德真空在西方文化的冲击下完全丧失了抵抗力，以至于完全传统的文化伦理在短时期内被冲得七零八落，不堪一击，从而导致了近年来文化上非常严重的问题。这一冲击的后果到今天还没有完全显现，而其中值得总结和思考的问题更是多多，无法回避也无法躲闪。

在这个意义上，虽然胡石言在"文革"中是一个受害者，但回顾和审视其作为过来人的生活历史，也有着特别的价值。

南京是"文革"的重灾区之一，人们原本平静的生活被迅速而突然地转入到巨大的动荡和喧嚣之中。最引人注目的是"红总""工总""红二司""红革联"几大造反派团体之间爆发的多次大规模武斗事件,不止南京市民生活受到很大影响,即使在全国范围内都颇具知名度。再就是对文化界的冲击。无数知识界人士被抄家、批斗,其中既有诸多文化名人,也不乏一般的普通知识分子。最为惨烈的是时任江苏省教育厅厅长吴天石和南京师范学院党委副书记李敬仪夫妇双双被批斗致死,是"文革"中全国最早在暴力批斗会上被打死的教育工作者。而在由中央大学整编而来的著名学府南京大学,校长、老革命家匡亚明被撤职和批斗,中文系主任、著名作家陈瘦竹,以及南京师范大学著名学者孙望等先后遭到批斗,也是南京城里很有影响的事情。

与地方相比,军队的情况要好一些。虽然包括司令员许世友在内的一些南京军区高级将领也一度受到冲击,遭到造反派的围攻,但随着高层对局势的掌控,军队很快被隔离在社会的大动荡之外,军区的日常工作没有受到太大影响,基本上能够正常运行,官兵们受到的政治冲击相对较小。

但在时代洪流中,没有任何地方能够真正幸免。特别是胡石言,作为具有广泛社会影响的电影《柳堡的故事》的小说原作者和编剧,在"十七年"文学艺术被全盘否定和批判的背景下,被关注是不可能避开的。如果说,在"十七年"的环境下,《柳堡的故事》还可以像一条漏网的小鱼突破禁区的话,那么这时候政治之网已经密不透风,已经完全没有它的生存余地了。

事实上,早在1966年3月,江青组织和主导下的全军文艺创作会议在北京召开,在这次会议上,新中国成立以来所有比较有影响的电影作品都受到全面的政治审查,也就是按照江青主持的"纪要"要求来进行政治判决。结果,会议上审查了六十八部著名电影作品,被认为符合政治要求的只有七部,其他的绝大多数电影都被划作"毒草"或者是"黑片",遭到彻底的否定。在这些被否定的电影中,就包括《柳堡的故事》。

会议给予《柳堡的故事》的评语是:"涣散斗志,瓦解士气的片子。在紧张的斗争中战士陷于爱情不能自拔,宣扬了爱情、纪律之矛盾,最后冲破了纪律,取得了胜利。写二妹子一家的遭遇,阶级斗争是虚,爱情是实。指导员不作思想工作,反而说媒拉纤,认为军队可以恋爱、结婚。影片的手法、歌曲都利用了人情味,问题大。很多手法恶毒,反纪律,用艺术手法使人回味,使人感到军队残酷。"

得到高层如此严厉的政治判词,胡石言自然是在劫难逃了。但好在胡石言一贯性格温和,行事低调,很少有仇人,因此,对他的处理还是比较温和,只是随着政治运动的不断升级,他的遭遇才更加艰难。

"文革"刚开始时,军区政治部革委会对胡石言的定性是"愿意悔改的走资派兼反动学术权威",撤除了他所有的职务。胡石言也很明智,主动提出把团部伙房的养猪任务接过来,成为一名专职的饲养员。这样的处理,既能够应付政治方面的要求,也没有对胡石言身心造成太大的伤害。

不久,胡石言和部分受到政治处理的人员被下放,地点是安徽合肥郊区的大蜀山山区,工作是种桃子,每天都是挑水植树,也比较轻松。周围的环境尤其好,白天少有外人,晚上更是清静,简直可以算是远离尘嚣的世外桃源。而且,在这里,行动、通信都不受限制,虽被下放,但胡石言感觉到比在南京时要好很多,在与家人的通信中也颇多乐观情绪。

不过胡石言下放大蜀山的时间只有一年多,到1969年初,他又被调回南京,到郊区的卫岗集中劳动。比较起大蜀山时期,卫岗的政治管束要更严厉一些。首先是严格限制,不能回家。一开始还可以通信,但必须经过检查,信不能封口。到后来有一段时间,连

胡石言与家人在一起

通信的权利都没有了。

而且劳动强度也大了很多。养猪需要拉板车进城去拖泔水，回卫岗的时候要上一个大坡，每次推着满载泔水的板车，对于胡石言来说确实是很艰难的事，让他吃了不少苦头。

对于自己的遭遇，胡石言虽然觉得艰苦，但却始终很开通、很乐观。他坦然地对待自己的处境，不像许多人一样有觉得丢面子的心理。他进城去收集泔水，难免会碰到过去的熟人或朋友，有人会觉得难堪，但胡石言完全没有这样的表现，他很自如地和熟人打招呼，抽空还上商店买点零食解馋。包括在家里，尽管胡石言白天要受改造、参加劳动，但回到家里，依然是温和平静，神情如常。家的氛围也没有改变，经常可以听到各种欢声笑语。

在内心来说，胡石言尽管不完全明白大的社会状况，也没有完全抗拒批判的心理，但他对自己的为人和品质有足够的自信，对社会现实也有自己的思考，因此，他对那些过分的批判运动和批判者持有不以为然的轻视心态。所以，在那些无休止的批斗会上，从表面上看，他是一个乖巧的受批评者，他不抗拒，不为难，有时候甚至主动地接受这个身份，真诚地表示接受。但实际上，他内心有对自己的强烈自信，对那些批判者的趾高气扬、盛气凌人很是不屑。

这种心态有时候会不自觉地表现出来。一次批判会上，有一个批判者指责胡石言说"你好像站得非常高，比我们这些革命群众都要高"时，胡石言内心中不自觉地认同，以至于脸上还露出了笑容。批判者们尽管看不透胡石言的内心，但直觉到胡石言内心的不认同，于是将他的笑解读为对批判的抗拒，将批判调子再度升级。

这种心态使胡石言能够比较轻松地对待运动中所有厄运，并有了坚韧的强烈勇气。就像他承担推板车的重体力活，一开始觉得很勉强、很艰苦，但他从不退缩，而是尽力去坚持。时间长了，他的身体变得更强健，推板车上岗一点都不觉得累，甚至能够不费力气挑起二百多斤的重担。

这也折射了胡石言"文革"前期的思想状态。我们不能说在时代厄运面前，胡石言是走在最前面的清醒者，但却是内心有信心、有勇气的坚韧者。他表面上被动，也难以对整个时代政治产生深刻的怀疑，也希望能够迅速地跟上时代的步伐，不成为落伍者，但从内心说，他是有疑问、有困惑的，他只是把疑问留在心里最深层处，不让它滋生和长大，不能明确表达出来而已。

因为胡石言接受批评的态度好，从来没有越轨和不满的表现，因此，干校领导对他还是比较信任的。这一年秋天，干校筹建新猪场，派胡石言到地方的种猪场学习，已经开始往专业饲养员方向发展了。

第二年，胡石言被安排离开卫岗干校，转移到部队的农场生活。从政治角度说，这是一种改造有效的表现，他的组织关系获得恢复，人也有了更多自由，回到部队系列当中。但是从生活角度说，却是更艰难了。

胡石言新的下放地点是江苏泰州的红旗军垦农场，这是一个师级建制的农场，农场场长也就是部队师长。胡石言的具体职务是步兵五连的下放干部。在这个地方，胡石言一直待到1974年，共待了三年半的时间。这是胡石言在"文革"中环境最稳定的一段生活，也给他留下了最深刻的记忆。他后来创作的《秋雪湖之恋》等作品就是以这段生活为原型。

泰州属于苏北地区，距离南京虽然不算远，但生活条件却不可同日而语。住的地方是茅草房，集体大宿舍，几十个人睡一个房间。床上垫的是干硬的稻草。房子大，也不很封闭，冬天的西北风刮起来，特别冷。劳动的强度也很大，虽然名义上是干部，但要跟士兵一样亲自下田，插秧、割麦子。对于年轻人来说这也许不算什么，但胡石言已经年近五旬，要承担这样高强度的劳作是颇为艰难的。

特别是这里的水土带有盐碱地的特点，水性极寒，胡石言刚到，身体很不适应，每天拉肚子到几十次。到农场两个月，体重急剧下降，几乎骨瘦如柴。当家人把胡石言的照片寄给身在杭州的父亲，父亲看了，难过得当场流下眼泪。

好在妻子余金芬利用所有的机会来探望他，看到胡石言的境况，妻子心疼得要命。也恰巧，军垦农场的场长是著名的拼刺刀英雄、全国战斗英雄刘奎基。20世纪50年代，胡石言患肺病住院时，刘奎基也生病住在同一所医院，两人关系非常密切，刘奎基当时谈恋爱，胡石言还是他重要的参谋和谋划者。现在，胡石言下放到农场，刘奎基自然不会为难他，还亲自到连队来看过他。

于是，余金芬写了一封信给刘奎基，诉说胡石言的现状，声称："如果再这样下去，胡石言要死在你们农场了。"考虑到胡石言的身体状况，农场决定让胡石言回到他熟悉的岗位去——担任饲养班的饲养员，做饲养班的小组长。一开始养了几天牛，很快就让他回到他最熟悉的养猪老本行。虽然养猪不能算光彩，但与下农田的重体力劳动相比，轻松了许多。而且，在饲养班，还可以不用一大早上操场去跑步，时间上也更自由了。

在饲养班，胡石言是待得比较开心的。他为人处世很随和，无论对普通士兵，还是上级干部，他都一概是笑脸相迎，不卑不亢，既不愁眉苦脸，也不清高傲慢，摆老资格。大家也都知道胡石言是老资格军人，保留着很高的级别，对他很敬重，因此，胡石言与士兵们相处得非常融洽，许多士兵把胡石言当做一个可以信赖的长者，愿意跟他说心里话，倾诉自己生活中的苦闷。遇到重活、脏活，也基本上不让他参与。特别是晚上站岗，按照规定，包括胡石言在内的每个人都要值夜班站岗，但大家敬重胡石言，又考虑到他的年龄和身体状况，就一起帮他承担了站岗的任务。

作为下放干部，胡石言的生活当然还是完全安排在班里，睡双层床，与战士完全同吃同住同劳动。对于这一点，胡石言倒没有感觉不习惯。他后来还感慨，这次下放虽然艰苦些，但对他来说却是一次非常好的深入生活的机会，让他更清晰地认识了现在的基层部队生活。

因为以前，胡石言也想过下连队，去"深入生活"，为创作找一些素材。但事实上却完全做不到。因为他是军区政治部的中校干部，来到连队，基层干部都要忙不迭地向他敬礼，哪里会让他住到连队，与战士们多接触呢？但是现在却不一样了，整整三年多，他与普通战士过着完全相同的日子，朝夕相处，无话不谈。

而周围的环境更是让胡石言心情愉悦。说起来，这一片苏北水乡，胡石言是非常熟悉的。他当年在新四军，就经常驻扎在类似的区域。他创作《柳堡的故事》的生活环境，与现在的泰州农场也差不多。每年的春天，都是鲜嫩的麦苗，四处飘香的蚕豆花儿，也有依呀呀叫着的风车和美丽的九九艳阳天，还有在农田里劳作的、充盈着欢声笑语的青年男女。胡石言有时候觉得自己变得年轻了，又回到了他所熟悉的战争时代，回到了他深情眷恋的柳堡。

正因为这样，胡石言心情愉悦，对工作的投入度更是高。可以说，对养猪，他真是尽心尽力，费尽心思，以全身心的热爱对待他饲养的那些猪。特别是对小猪，他不但亲自为它们接生，当小猪体弱生病了，他还给小猪熬稀饭，抱着小猪睡。

作为一名有文化的干部，胡石言还有意识地将自己的文化知识应用到养猪中来。他买来各种养猪的书籍，还买来体温计，半夜起来检查为猪制作发酵饲料，还发明了一种发酵饲料，把猪喂得又肥又壮，将自己的养猪心得记在日记本中，并与家人在书信中进行交流，分享自己的喜悦和骄傲。因为养猪取得的成绩，农场师部还在五连召开过一次推广经验现场会。胡石言作为先进代表，还被请到其他单位介绍经验。

尽心而快乐的养猪给予了"文革"中的胡石言许多乐趣，让他暂时忘记许多困厄，或者说，泰州农场的几年，在生活上，他没有觉得有多艰难，总体上比较自由轻松。但是，不管怎么说，他总体上还是"戴罪之身"，饲养班组长固然远不能与之前的政治身份相比，即在具体的日常生活上，也有诸多的不便和困厄。

首先是生活上的自由。胡石言虽然是干部身份，但是却没有回家的自由，包括短时间离开军营，都要跟连队领导请假。农场的生活是相当艰苦的，所以，每到周末，胡石言、沈西蒙这些年龄大的干部感觉身体吃不消，就想约上几个朋友去镇上，一起找点好吃的，聊聊天，散散心，宣泄一下郁闷的心情。

但是，请假并不能够轻易得到批准，有时候还会遭到恶意的嘲讽和刁难，有时候要在门口等上好久，结果还是不批准。对于这些老军人来说，这显然是让人难堪的。毕竟，他们的资历、军衔都远在连队干部之上，还要如此低声下气去求人，确实让人不太开心。这一点，对于胡石言来说倒不是太难的事，因为他平常态度比较和气，与连队领导关系处得不错，因此，他受到的刁难比较少。

但对于那些没有与连队领导建立较好关系的人来说，情况就不太一样了。即使是资历深、地位高，在这里如果不低下高傲的头颅，只能是备受委屈和磨难。对于他们来说，每次跟连队领导的请假都是一次受辱的经历。看着身边的朋友和战友如此遭遇，胡石言虽然是尽力为他们通融，表面上很平静，但内心其实也颇多痛楚。在这些同龄人的身上，他看到了自己的艰难和卑微处境，不由地感到无奈和愤怒。

另一个让胡石言难过的就是不能回家。对于胡石言这些受改造的干部来说，回家是被严格禁止的。而对重感情的胡石言来说，这自然是最难受的时刻。特别是到了休息日，或者是到节日的时候，就特别思念家人。这当中，远在杭州的老父亲最让他牵挂，想到自己为人之子，却不能尽孝，很让他感到内疚，为此，他让自己的儿子从小就在杭州生活，陪伴祖父；同样，南京家里的妻子和女儿也常让他思念，几乎每次写信，他都要特别叮嘱对子女的教育。好在老岳母还经常来南京，能够分担一些家务。

"文革"的遭遇，促使胡石言思想进一步成熟，从最初的茫然和困惑，逐渐走向清醒和理性。特别是1971年林彪事件后，如同当时许多先觉者一样，他对时局、对一些政治中的风云人物也有了自己独立的认识。他当然无法公开表达，只能是秘密地创作一些旧体诗词，借这种曲折而隐晦的文学形式来表达自己对政治的思考。这些思考在当时不可能发表，即使在时过境迁的很长一段时间内，依照胡石言的身份，它们也依然不适宜正式公开表现出来。因此，它们就始终以手抄的方式沉睡在胡石言的笔记本中。胡石言在"文革"背景下内心深处的复杂心迹，特别是独立的政治思考，外人难以窥见一二。

在有家难归的情况下，对于胡石言来说，妻子余金芬的来访就显得特别珍贵，它是让胡石言感受到亲人温暖最重要的方式。当时，从南京来泰州探望一次是不容易的，需要乘坐四五个小时的长途汽车,还要走一大段泥泞路才能到达。而每次的见面又是非常匆忙,几乎没有单独相处的时光。但这些来访,是胡石言生活中最重要的信心源泉,也是他与家人感情最深刻的纽带。在给妻子的书信中,他无数次谈到妻子的来访,虽然在当时的环境下,他没有表达过多的感情,但很显然,他的感动是很深刻的。

胡石言印象最深的,是有一年的深秋。刚好遇到下雨天,一路上阴雨不断,余金芬的衣服都被淋湿了,加上道路泥泞不堪,等妻子走到养猪场时,胶鞋上已经全都是烂泥巴,甩都甩不掉。胡石言带着余金芬到河边去洗鞋子,湿漉漉的河岸边无法坐下来,他让拎着行李的妻子扶在自己的肩头站着,然后蹲下来为她洗鞋子,洗好一只再洗另一只。由于河边太滑,胡石言就用手小心地扶着她的背。虽然天气很寒冷,水更是凉彻骨头,但余金芬却感觉到有强烈的温暖从胡石言的手心传过来,心里也顿时变得特别温暖。

妻子是胡石言顺利度过"文革"的重要精神资源,也让苦涩的生活变得轻松了许多。"文革"后期,有一次,夫妻两人上鸡鸣寺去散心,不知怎么谈起了对未来的打算。胡石言说,到退休以后,去农村,种麦子。空气好,环境好,可以很轻松愉快地生活。不过妻子给了他一些打击,说,如果他去种麦子,以他的水平,肯定是没得吃了。一片笑声里,苦难似乎离他的生活很遥远了。

应该说,在艰难的"文革"岁月中,妻子的慰藉和关爱,相濡以沫的深情,是胡石言能够安然度过那段人生最艰难岁月的重要原因。

等到时过境迁,厄运度过之后,夫妻俩聊起这段经历,还是少有辛酸,更多豁达,也有很多怀念和不舍。

胡石言在泰州农场当饲养员的生活持续了近三年。到1973年,随着大的社会环境有一些松动,胡石言的生活也发生了改变。师部以发展部队文艺活动为理由,将农场中那些有一定写作基础的官兵集中起来，办一个文学创作学习班，抽调胡石言来担任学习班的临时教员，负责写作指导和培训辅导。同时，还让胡石言帮助师部的宣传队创作和修改剧本。

师部招待所的条件当然远比连队要好，而且更重要的是，他还能够再次接触到文学创作，他讲授的课程包括自己的创作体会，小说写作的理论技巧，以及小说语言和结构等等。当然，最主要的工作是批改学员们的习作，帮助他们修改好作品，提高创作能力。

对于胡石言来说，这样的生活太熟悉了，他似乎又回到了在《战斗报》与通讯员们亲密交往的时光。而且，学习班的生活丰富，对胡石言也有帮助。他们时常一起到连队去体验生活，发现和培养新的文艺人才。对这些工作，胡石言是热情满满，尽管很多人还只是初具写作能力，但当他们把作品交到胡石言手上，他都是非常认真地进行批改，提出修改意见。

还别说，胡石言的学习班还真的出了一些文艺人才。最著名的是创作过《阴阳际会》等作品、担任过徐州市作协主席的肖俊志，还有原名胡正延，因为师从胡石言而改名的胡正言，他创作过《五色土》等小说和《天地人心》等电影文学作品，担任过江苏省电视艺术家协会副主席等职务。以及创作过《鸡鸣山下》的阎世宏等。这些作家都是从胡石言这里开始创作的起步，之后才在文学创作的天空中展翅飞翔。

不过胡石言也不全是兴奋，在教学中，他有很多苦闷和困惑的时候。有时候，当他走上讲台，却发现自己不知道该怎么讲课。在时代政治的要求下，他所熟悉的许多东西都不能讲了，而时下流行的一些文学观念，他既不熟悉，也感到陌生。他发现，自己练习写作几十年，现在却不明白哪些是能够写，而哪些是不能够写的。

不过，这时候的胡石言，已经开始比较清醒了。正如他后来自己所体会到的："到'文革'中期，我才逐渐清醒，感到党内政治活动不正常，尤其反感说假话、拍马屁的风气。"在"文革"的困厄中，胡石言逐渐成熟起来，对问题的认识也越来越有预见性。

所以，1971年林彪事件发生，胡石言早就有预感，一猜就中，很感痛快。"天安门事件"发生，他也能够立即感到这是一次新的"五四"运动，一次思想改革和政治变化的重要契机。到1976年毛主席去世，胡石言也能够敏感地预料到军队对"四人帮"必将有所行动。显然，对于胡石言来说，"文革"也是一次艰难的洗礼，是人生中一次重要的历练。

在担任学习班教员的工作中，胡石言度过了"文革"的最后岁月。他也在"文革"后期被"解放"，离开泰州，回到南京，回到他所熟悉的军区政治部生活。

正如对所有人一样，"文革"对胡石言来说是一个重大的灾难。创作方面的影响不用说了，被迫中断了将近十年创作，甚至没有机会拿起笔和书本，对于一个作家的影响是可以想象的。就个人生活来说，"文革"也对胡石言的身体造成了很大的伤害。他晚年身体欠佳，去世较早，与这期间的身体伤害有直接关系。

但是，任何事情都存在两面。在整体否定"文革"的前提下，我们也可以感觉到它对胡石言生活和创作某些积极的影响。

其一是拓展了他的生活面。胡石言从十八岁开始，就一直在军队生活，应该说，对于新中国成立前的部队基层生活，胡石言是非常熟悉的，也与他们建立了非常深厚的感情。但是新中国成立后，他一直生活在军区大院。虽然熟悉部队，但毕竟生活面比较狭窄，而且也无法真正深入连队基层生活。这样的生活经历，对胡石言创作多少有所局限。表现之一是其创作基本上没有离开过部队生活，而且创作面越来越窄，反映现实生活题材的作品更少。

"文革"使胡石言被迫进入基层，也更广泛地体验了连队士兵的生活，而且，通过与这些士兵的交流，他还更多地了解了农村等社会。应该说，对于胡石言来说，这是一次生活面的大拓展。对他"文革"后的创作是一次有意义的积累和准备。

表现在具体创作上，胡石言"文革"后的创作题材范围较之前丰富了许多。从军队拓展到地方，从自身延伸到青年。"作品中出现了全色调的、具有一定历史内容和深刻社会意义的事件，工人、演员、作家、记者、侨胞、大学生、技术员、政协常委、退休干部、部队与地方的各级干部，纷纷进入他的人物画廊。"①

其二是让他多了思考精神。"文革"下连队，到农场养猪，确实使他更广泛地接触到社会生活。特别是从官到兵的身份变化，让他对社会人情有了更深刻的体会和认识。而社会、民族、国家面临的困境，也迫使他更多地进行思考。不再是完全单一的"服从"式思维，而是更多了思想的主动性。

进入"文革"后期，胡石言的思想有了很大的变化，他不再像以前那样单纯，对社会和人的认识更加复杂、成熟，并能对许多政治和经济问题做出有高度的判断。包括看到"文革"时期各种批判运动中，许多人翻云覆雨，更有许多"今日坐高台，明日戴枷锁"的情况，他更感受到个人在政治运动中的被动和无奈，所以，对待曾经冲击过，甚至直接批斗过他的人，胡石言从不假以颜色，还常常是以德报怨，很热情地对待他们。

这也是胡石言在"文革"后的创作具有更多思考色彩、反思精神和问题意识的重要原因。胡石言"文革"前的创作，基本上以注重情感色彩为主，也多局限于自我的感受和体验。但是"文革"后，随着其创作视域的拓展，其文学风格也有所变化。他不再局限于个人经验，而是更伸展到社会的方方面面。如《漆黑的羽毛》就

---

① 黄毓璜：《霜叶红于二月花：石言小说漫评》，收入《胡石言研究资料》，沈杏培编，人民文学出版社2016年版，第122页。

针砭现实中的知识分子处境问题,与谌容的《人到中年》颇为类似,是新时期这一题材领域思想很前沿的作品。它反映了作者触角的敏锐,也是胡石言思想认识深化的体现。在这一点上,评论家黄毓璜的论述无疑是准确的:"作者在精神世界的深刻细致的表现与探索中,熔铸进更为复杂的社会关系和更为广泛的社会矛盾。……特别值得称道的是,作者常常把敏锐的艺术触角伸向一些'不大好碰'的矛盾,对一些重大的社会和思想命题进行深入的探讨。"[①]

所以说,任何事情都不是完全绝对的,只要有坚持、有追求,个人在环境中始终都能够发挥出一定的主动性。即使在逆境中,人也可以通过努力来提升和完善自己。苦难生活对胡石言是一种灾难,但他却也从中得到了一些收获,这应该说是他的坚韧乐观性格所带来的结果吧。

[①] 黄毓璜:《霜叶红于二月花:石言小说漫评》,收入《胡石言研究资料》,沈杏培编,人民文学出版社 2016 年版,第 123 页。

第五章　未完成的涅槃：超越与束缚

Ⅰ　"寻找自我"

"文革"后期，胡石言就已经获得"解放"，回到了南京，回到他之前熟悉的生活环境中。1975年，胡石言被委任军区前线话剧团团长职务。"文革"结束后，他的生活完全回到正轨，而且承担了更多的工作任务。1978年，他担任南京军区政治部创作室主任，主持撰写传记文学《陈毅传》。在1978年至1980年间，主持编写了《决战淮海》和《新四军故事集》。还一度负责南京军区《星火燎原》的征文工作。

正如胡石言自己的概括："我从1970年到三中全会以后，和全国'拨乱反正'一起，在我的人生道路上完成了第三个转折：由受'左'的束缚和影响回到了马克思主义。"（《我这一辈子》）经历了十余年的坎坷和磨难，他创作生命的又一个，也是最后一个阶段来临了。

可以说，当时的中国文学正在"走进一个新的历史时期"，胡石言所在的江苏文学也在发生着日新月异的变化。或者说，依靠深厚的文学底蕴和开放视野，江苏文学在全国文学界起着领头羊式的作用。在"十七年"时期已经崭露头角、却被长期打入冷宫的陆文夫、高晓声等人,创作了《围墙》《李顺大造屋》等作品并获得大奖,产生了全国性的影响。艾煊、顾尔镡、海笑、黎汝清、忆明珠、庞瑞垠、宋词等也在全国文学界享有一定的声誉。此外,汪曾祺虽然身在北京,但其清新的高邮文化小说也给江苏文学增添了很多光辉。

与文友们(自左向右:张弦、胡石言、艾煊、陆文夫、高晓声)

除老一辈作家以外,年轻一辈的江苏作家更在迅速崛起。较年长的有赵本夫、张弦、范小青、叶兆言、储福金、周梅森、黄蓓佳、赵恺,更年轻的则有苏童、毕飞宇、韩东等人。这些年轻作家大多受到西方现代文学思想的影响,在文学观念、文学形式上都较老一代作家有很大不同,也给时代文学思潮带来很大的冲击。

也许是因为刚刚共同经历了一个大劫难,"文革"后的江苏文学界,部队和地方的联系变得更为密切,胡石言、黎汝清、朱苏进等军区作家与陆文夫、陈辽、曾华鹏等地方作家、批评家都建立了不错的感情。1980年中国作协江苏分会举行换届会议,胡石言被选为副主席,一共担任三届,直到1992年换届。地方文学关系的密切，文学交往的增加，带给了胡石言很多新的信息和时代气息，也直接影响到胡石言的"文革"后的思想和创作。

而且，新时期之初的部队文学界，也改变了之前刻板拘谨的面目，呈现出开放和新颖的形象。人们很少注意到，在"文革"后期，特别是林彪去世以后，军队的自由度相对地方反而更大，作家的思想也有一定自由度。所以，新时期初，军队作家优秀的不少，有不少都是敢于立潮头、引领时代风潮的作家。如白桦的《苦恋》，陈沂的《雪白血红》，叶文福的《将军，你不能这样做》，莫言的"红高粱系列"，乔良的《灵旗》，黎汝清的《皖南事变》《碧血黄沙》等，影响力都远远超越了军事领域范畴，对当代文学史发展起到了很重要的推动作用。其中比较年轻的军旅作家，如李存葆、朱苏进、周涛、莫言、乔良、刘毅然等，在文学思想和文学技巧上，都有充分的开放多元姿态，创作成绩和影响力丝毫不落后于地方作家。作为部队作家一员的胡石言，也很自然会被这种风气所感染。

这样的环境，对于刚刚经历"文革"磨难、思想上有了更多新的感悟的胡石言来说，显然是很好的自我发展契机。

在性格上，胡石言变得更开朗了。原本为人就很热情的胡石言，更热心地与江苏地方文友们交往，经常邀请朋友们到家中做客、交流，艾煊、陆文夫、高晓声、张弦、宋词都是常客。这些刚刚都经历过政治磨难的作家，聚到一起，话题当然是离不开文学和政治，而每次聚会，胡石言都是尽显其豪爽热情的个性，大胆畅言，饭桌上经常可以听到他的精彩思想和壮语豪言。

确实，胡石言在生活上走出困厄、走向顺境的同时，事业上也表现出很强烈的追求愿望，创新和自我超越是其核心内容。也正是在这一背景下，他的创作也呈现出一个井喷期。在1984年到1985年期间，创作了多部中短篇小说，以及散文和理论文章。1982年创作的《漆黑的羽毛》和1983年创作的《秋雪湖之恋》均获当年全国优秀短篇小说奖。

在1985年所写的、回顾自己前半生的文章《我这一辈子》中，他这样说："我有一种感觉，在精神上，我仿佛又回到了学生时代，回到了革命战争时代。那时候，我们年轻而自由，无拘无束，朝气蓬勃，自由地选择了马克思主义信仰与无产阶级文艺，自由地聚集到党的战旗下。现在，年龄大了，教训多了，但精神上，又恢复了这种自由的感觉，恢复了信仰上的青春。斗争虽还很复杂，但我对现在的路线方针乐观自信，和青年接班人一样感到生机活跃。有的读者读了我80年代的小说，以为我是三四十岁的作家。认识我的人，也觉得我精神比较年轻，我想原因主要在政治上。我是个'非常政治的人'，政治上有奔头，人就年轻。"①

在1987年，胡石言写了一篇评论军队作家、也是他曾经的学生胡正言的文章，篇目叫《他找到了自我》，未尝不是胡石言的自况或者说对自我的期许。"文革"结束，胡石言创作上获得自由，不只是恢复20世纪50年代的创作基础，而且更是向更早的自我回归，向他早年的文学启蒙回归。

表现之一，是创作关注点不断深入，题材上从政治进入到伦理，中心也有意识地从故事层面往"人"的层面挖掘和推进。

检视胡石言"文革"后的作品，一个突出的特点，或者说与同时代作家不一样的是，写"文革"的伤痕文学作品不多。只有《胡"司令"赴宴》《秋雪湖之恋》等个别作品。而且即使这两篇作品，也没有悲戚控诉，而是融达观和讽刺于一体，表达对历史的冷峻批判和思考。如《胡"司令"赴宴》的结尾就说："三中全会以来，

---

① 胡石言：《我这一辈子》，收入沈杏培《胡石言研究资料》，人民文学出版社2016年版，第44页。

多少冤假错案解决了，多少老疙瘩解开了。"这当然不能说是创作优点，客观上，它与胡石言谨慎的性格有关，与他在"文革"中相对平静的境遇有关，也或许与他一直不愿意悲观看待生活的思想方式有关吧。

所以，与反思过去相比，他更愿意关注现实。胡石言这时期的绝大部分作品都以现实生活为题材。胡石言创作的基本上算是"问题小说"，而且他的问题都是针对现实政治，是自己对政治政策自觉到的一些疑难或敏感。其中既包括军人生活问题，还有很多军人之外的题材，如青年人择业、理想问题，"文革"影响问题等。如《漆黑的羽毛》针砭的是"铁饭碗"的人事分配制度，《秋雪湖之恋》思索的是"在现实中感触最深的一个问题——我认为是整顿党风中很重要的一个问题：敢不敢实事求是、独立思考、对人民负责问题"，《胡"司令"赴宴》"主要揭示了这种带封建性的观念"。

比较起之前作品基本上都局限在战争、军人领域，这时候胡石言创作题材显然有所拓展。就如他自己宣称的："我的思想解放了，比过去想得更多。"对于长期将视野局限在军队生活之中的胡石言来说，这样，将创作视野投入到更广泛社会问题的变化，不只是显示作者视野的扩大，也是他思想意识变得更广阔的结果，意味着他的立足点更深远，不再完全局限于军队角度来认识和思考问题。

从作品的思想内容看，胡石言的创作也有所突破，或者说，他虽然作品大的落脚点还在政治，但在具体内涵上却更丰富，拓展到政治伦理乃至普通生命伦理的领域。

晚年胡石言创作关注的一个焦点是信仰问题，他多次落笔到青年人生活题材领域，关注青年人的生活和心灵世界。虽然这些人物形象的塑造没有特别突出的，但胡石言对他们的关注却是一贯的。

较早的《胡"司令"赴宴》，关注政治品性，将个人忠诚、信誉作为很重要的政治伦理来考察，是独特视角对"文革"历史政治问题的思考。《漆黑的羽毛》表面上的故事是青年男女的恋爱问题，但实际上针砭的是官场的保守和本位主义，是肆行无忌的官僚主义风气。而分别创作于1984年和1985年的系列小说《陪同——田红莲外传之一》和《夜来香开放的时候——田红莲外传之二》，则拓展到现实政治伦理上，批判政治生态当中的不正之风。剧团内，无能者尸位素餐、忙于钻营，能力强者却反而受到排挤和压制。同时，作品还将爱情故事穿插在批判不正之风的故事之中，颇有20世纪80年代初期的理想和浪漫气息。

晚年最后一篇作品《结婚比赛》，从小说开头部分看，最初的立意显然有政治色彩，两家人在"文革"历史中的复杂恩怨，以及改革开放给两家人带来的变化，都预示着作品将是一个当时流行的"反思"和"改革"主题的作品。但是，作品的发展和结尾让人很意外。它没有顺着反思和改革的政治主题发展下去，而是立足于对乡村伦理，事实上也就是整个现实社会伦理的批判性思考，其思考和批判的重点由对方——结婚比赛的另一方，也就是历史中有过错，需要反思和否定的一方，转向了己方，也就是历史中的受害者，在改革中才扬眉吐气的一方。作品最后的主题转向了批判现实中的不正之风，现实中的走后门、权力的腐败等问题。

应该说，对政治伦理的敏感，既是胡石言作为一个"文革"过来人的深切体会，也是他对现实社会变化的敏锐。作为一个接受过传统教育的军人作家，胡石言的现实忧患意识是很强的。1980年代中国刚刚开始改革开放，社会风气迅速变化，特别是官场上，各种不正之风开始盛行，胡石言的现实书写是他思想观念的自然体现。事实上，除了小说，在散文《美食家速写》一文中，他更直接针砭了社会上的找关系、走后门等现象。

从文学史上看，胡石言这种敏锐关注和批判现实伦理问题，特别是不正之风问题，不是个体的行为，而是普遍的现象。最早的如沙叶新的著名戏剧作品《假如我是真的》就曾经引起较大反响。此外，孙犁、刘绍棠等作家也都表达过类似忧虑和批判情绪。

而特别值得肯定的是，胡石言在这些作品中表现的主要是对现实政治风气的不满，在文化方面，他的态度并非简单的看不惯和愤世嫉俗，而是有着相当多的理解和宽容。

在1980年代初的改革开放中，伴随着社会风气变化的，还有文化上的开放，特别是青年人群体，较早感受到港台和西方文化的影响，在思想方式和生活习惯上都表现出一些与以往不同的新的特征。从生活方面说，如喇叭裤、长头发、交谊舞等等，文学界也同样呈现许多新的观念和气息。从"朦胧诗"开始，到"先锋文学""后朦胧诗"等群体，年轻诗人、作家们在文学观念、艺术手法上都表现出反叛传统文学的创新性。

对此，许多老作家，特别是革命作家，对此表现出不理解乃至反感和厌恶否定，都是普遍的行为。比如著名诗人艾青就曾经坚决反对"朦胧诗"，孙犁、贺敬之等作家也一直对现实忧心忡忡，表达过不满和强烈的担忧情绪。

相比之下，胡石言的态度很难能可贵，体现了他心胸开阔，富有远见。

首先，胡石言不是将质疑的目光指向年轻人，不是简单批判现实文化的变化，而是反思有关政策的不足。换言之，他所体现的是一种体制内的自我批判思想。所以，上述的这些作品都是站在年轻人的立场上，对体制中存在的问题和弊端，包括官场利益阶层，予以针砭和批判。

从生理年龄看，这时候的胡石言已经将届老年，但他的心态却是很年轻的。他有意识多与年轻人打交道，包括在家庭生活中，他也特别关注儿女的同龄人。对儿子和女儿的同学，他有很多都能够叫得上名字，更爱打听他们的事情，了解他们的心态，关注他们的思想。所以，在胡石言的作品里，年轻人不是让人觉得不可信任的，相反，他们是希望之所在，未来之所在。

如《陪同——田红莲外传之一》和《夜来香开放的时候——田红莲外传之二》两篇作品，都塑造了具有现代独立和反叛精神的青年人形象。对于这些青年，作者是完全支持和认同的，把他（她）们看做是挑战传统体制和保守思想的重要力量。同样，《年年七夕》中的男青年，对应着老一辈的保守封闭，表现出具有充分创新和超越力量的时代气息。由此可见，胡石言对时代精神的强烈认同。

其次，胡石言不是悲观主义者，而是具有很强烈的乐观精神。他作品塑造的主人公形象也很少对生活持悲观态度，而是始终怀着信心，所以，他几乎没有创作过悲剧性结局的作品，即使是困难的环境也最终能够得到克服，光明总是在最后照亮生活。比如《漆黑的羽毛》中陈静尽管多次蒙受压制和打击，不能充分展露自己的才华，但她依然没有放弃对未来的信心；《陪同》和《夜来香开放的时候》更是将年轻人作为故事主人公，将他们作为改变现实的希望之所在。而在《年年七夕》当中，一直沉溺在20世纪40年代无法自拔的老人李金水成了落伍于时代的负面典型。这显然是作者自己思想的折射，与时代同行就是作者所期待的生活观念。这正如胡石言自己所说："我小说主人公不会沉溺于各种纤弱的感情，他们有矛盾而不自我分裂，受创伤而自愈力强。他们对于人民对于祖国对于党对于理想和事业对于真善美仍然一往情深、奋斗不止。他们的主导力量仍然是'强意识'。这是我小说中的'严樟明''陈静'，这也是我自己。"（《我爱强意识》）

表现之二，是重视对人的塑造和思考，思考人性问题，关注人的遭遇，特别是不再简单从战争胜负角度来理解战争，而是思考战争对人的伤害，对人性的伤害。

对人性人情的关注是胡石言从"十七年"时期就具有的创作特

点，也是他较为突出的创作个性。进入新时期后，胡石言依然保持了这一特点，并有更深入的自觉和追求。他在与朋友的通信中这样表示："比如说人性，这是我文学创作中接触到的一个重要命题。《柳堡的故事》就因接触到这个命题而引起争论。我认为不研究人性而谈人道主义往往是舍本逐末。""我是赞美人性的。"(《面对大海的沉思——关于创作问题与胡德培的通信》)

以人物为中心，通过人物形象来表达自己对人的思考，则是他进一步的追求，或者说，从故事到人，通过故事写人，是胡石言在新时期创作中的深层自觉："从艺术上说，也只有真实地反映出主人公所面临的各种尖锐复杂的矛盾，才能写出人物的命运、人物的性格；才能引人入胜，感人肺腑，发人深省。"他的许多作品也都在实践这样的创作意图。

虽然如果从更高角度要求，胡石言对人性的理解还存在狭窄和简单之处，或者说如同他自己所说的："我的一位战友说我'善打擦边球'。他的意思大概是我的主题思想常常涉及敏感的矛盾，而且常常眼看要打'出界'了，结果却没有失误。这对我是赞誉，同时也是警告。"(《面对大海的沉思——关于创作问题与胡德培的通信》)他对战争的人性思考基本上还没有脱出战争正义与非正义的范围，反思战争的层次也不够深入，但对于胡石言这样的长期局限于政治思考的作家来说，依然是很值得肯定的。因为文学的最终点始终是人，回到人来思考文学显然是一种进步。这种以人为中心的文学理念，对于胡石言突破自己的写作惯性或者说思维窠臼，是一个大的步伐。

从创作来说，比较有代表性的，除了后面要专门分析的《秋雪湖之恋》和《魂归何处》两部作品之外，值得重点提出的是《大爆炸》。1991年，胡石言把他少年时期写过的故事，重新扩大，或者说将故事融入小说的一部分，改写成中篇小说《大爆炸》。这可以算是胡石言少年时代文学梦的一种回归,也体现了真正回归人的文学特征。

小说讲述的故事并不复杂,具体是:抗战时期,一个中国家庭遭受日军轰炸,全家死伤惨重,曾经在抗战中身负重伤的"三叔"满怀仇恨,研制起威力巨大的爆炸武器,最后与敌人同归于尽。

基本的故事虽然不复杂,但是,作品同时还穿插叙述了另两个小故事。一个是"三叔"的爱情悲剧故事。因为在战争中受伤,假传阵亡消息,希望家乡的恋人能够放弃自己。结果,恋人听闻消息之后,伤心自尽。追悔莫及的"三叔"将恋人赠送的金链子珍藏,深藏仇恨,外表和性格都发生了畸变。另一个是叙述者兴官的故事。兴官本是"三叔"的侄儿,但幼儿时期,家庭遭遇日寇轰炸,父母双亡,沦为精神和肉体都受到巨大伤害的孤儿。后来虽然重新回到亲人身边,但却承受着永远都无法泯灭的巨大心灵创伤和苦难记忆。

通过这样两个故事的穿插叙述,《大爆炸》既表达对日本侵略者强烈的仇恨,又通过儿童的视角,表达战争给中国人民带来的巨大痛苦和恐惧。整部作品笼罩在强烈的悲剧氛围当中,也传达了对战争的强烈控诉。从最直接的角度上看,它传达的当然是对日本侵略者的谴责和控诉,但透过表层背后,也可以看作是对所有战争的批判和否定。

一方面,作品站在人性的角度上,书写了战争给人们生活带来的极度痛苦和灾难,严厉地谴责了战争对人性的扭曲和伤害。作品中的人物几乎都是战争的受害者。曾经潇洒英俊的"三叔"被战争夺去了健康、爱情等几乎所有的一切,心理也受到严重创伤,几乎成了一个废人,其未婚妻悲伤自杀;幼小的兴官在战争中失去所有亲人,成为生活无着、精神失常的流浪儿;一直遵循爱国爱家传统伦理的大伯被灾难打击得成为疯子,善良的爱司也惨死在病痛的折磨下。包括原本善良的日本军人小林义雄在战争机器的强力诱惑和扭曲下，也变得成为欲望和残暴的奴隶，人性发生严重变异。

另一方面，作品也表达了对战争中人性之善的思考，试图表现与一般的战争小说所不同的、对战争新的理解。小林义雄形象就是典型。他一开始以"义理"为友，但后来逐渐迷失自己，沦为日本军国主义者的帮凶，但他的良知尚未完全泯灭，对兴官一家实质还存有感恩之心。所以，作品的结尾，作者没有让他死于爆炸中，而是有意拖延时间，等待小林义雄离开爆炸范围之后才启动爆炸，这显示了作者试图以爱来拯救人心的创作意图。

《大爆炸》的思想和艺术暂且不说，从作家心灵角度，该作品具有特别的意义。因为这部作品的原型是胡石言的四叔胡士焌。他这位四叔曾就读于军校，后担任国民党军官，抗日战争中，在安徽芜湖率领铁甲车连抗击日军而英勇牺牲。[①] 此前因为政治环境原因，胡石言只能将自己对叔叔的纪念之情埋在心里，现在形势许可了，他就以文学创作的形式把叔叔的故事写下来，也表达心中对故去亲人的怀念和敬意。

表现之三，对现代文学艺术的接受与尝试。

从正式登上文坛起，胡石言就一直采用现实主义写实手法，几十年没有变化。但是，到晚年，他开始改变自己的写法，其中最为突出的，是对意识流手法的借鉴。在一些文章中，胡石言表示过对现实主义文学的坚持，以及对文学新观念、新方法的不满和难以接受，但实际上，他始终没有停止理解和追赶的脚步。他曾经广泛地吸收青年人的意见，学习借鉴现代写作技巧："一个题材、一个故事，凡是我的青年文友们和我的子女听了说没意思，就得重新考虑；相反，若是一致叫好，写出来一般不会差。既要有生活积累，

---

① 祁丽丽：《胡士莹研究》，暨南大学硕士论文（2011年），第1页。

又要有对生活的艺术敏感,而思想活跃的青年文友在这方面往往是我的老师。"(《〈魂归何处〉创作体会》)

可以说,以开放和学习的态度对待西方现代文学观念和技巧,是胡石言能够在文学技巧上不断创新和突破的重要原因。

最早的《胡"司令"赴宴》一篇,完全是"东方意识流"的写法,而且比较这一创作手法的开创者王蒙的作品还更为复杂,也更为多样化。它不只是现实与回忆相交错,而且还将时间和空间不断变换,叙述者也穿插变化。无论是从阅读的难度,还是叙述的复杂性,都达到了一个较高的层次。比较起以往胡石言的作品,有了很大的改变。

在《江江的"香格里拉"》中,作品明确表示人们应该抛弃"文革"所带来的保守意识和畏惧心态,要以积极的精神态度去面对现实,开创新时代。这既是作品表露的态度,也是胡石言自己对待生活的方式。对于20世纪80年代初期到中期文学界出现的、受西方文学影响下出现的新观念新技巧,他没有任何的排斥,而是积极地学习。这一点,在从《胡"司令"赴宴》《秋雪湖之恋》到《魂归何处》《大爆炸》等作品在思想深度和艺术表现上的迅速变化和发展中,可以清晰地见到。而这当中,胡石言虚心向青年作家的请教和学习是非常重要的因素。

《陪同——田红莲外传之一》和《夜来香开放的时候——田红莲外传之二》。两篇作品更有价值的地方还是在艺术性方面。故事富有传奇性,曲折,具有胡石言习惯的叙述风格。虽然故事有些浪漫色彩,但表达的主题还是很有现代气息的。

《大爆炸》的艺术探索更为极端。胡石言在给他人的书信中清晰地表达了自己的艺术探索愿望:

  我最近抽空写了一个中篇,叫《大爆炸》(《昆仑》明年1

月发表），因为主人公是个双腿失去的残废军人，又是知识分子，有许多思想要表达，所以也用了一半的日记体，另一半用小孩子的感受。

　　日记是写给自己看的，因而自剖自责自嘲自励，因而思考所得的重要意义，都可以个性化地、畅所欲言地写进去。但我又觉得只用一个人的日记，篇幅一长，不免单调，所以我用半日记半书信或半日记半描写，双线发展，可以活泼丰富一点。

　　从文学史角度来评价胡石言的创作变化，也许不是最重要的。因为在时代潮流中，胡石言的作品已经不处在文学的主流。而且，作品的艺术尝试还并不是特别圆熟，特别是在文学阅读上不是非常清晰，存在一定的阅读障碍。但是，从胡石言个人角度说，或者从他所代表的这一代作家来说，这种敢于改变自我、发展自我的精神无疑非常有价值。要知道，胡石言当时已经是一个六十多岁的人，而且，他这么多年一直在部队中生活，思维受到一定的限制是毋庸置疑的。在这种背景下，他依然能够表现出如此强烈的自我否定和创新追求，去改变自己，发展自己，确实非常难能可贵。也可以看出晚年的胡石言思想始终不保守，而是充满着开放精神和创新精神。

　　从文学渊源上说，这无疑是得益于胡石言早年受到的教育，得益于他所接受的西方文学影响。他少年时代的西方文学阅读，尽管在他的文学生涯中一直处于受压抑和受遮蔽状态，但它始终存在于他的脑海中，一旦有合适的时机，就会重新活跃起来。

Ⅱ　"服从"与"责任"

　　尽管晚年胡石言有很突出的文学自觉，探索和创新意识也很强，只是在现实中，他并没有完全将自己的想法落实到具体创作之中。这其中因素当然不止一个，但与他性格上的服从意识和责任意识有深刻关系。

胡石言从小就是一个律己甚严的人，此后，又一直生活在部队，从来没有离开过。可以说，服从、守纪，几乎是与他的生活融为一体的基本内容。对于一个军人来说，这当然是很好的品质，但是，对于一名作家来说，它又很可能是一种负担，一种影响他独立自由地探索前行的障碍。这种复杂性，清晰地体现在胡石言的晚年创作当中。

文学创作，特别是小说创作，是胡石言最喜爱的事业。为了创作，他的付出是很多的。胡石言的创作虽然不多，但他其实是一个很勤勉的人。每天早早起床，除了锻炼身体，没有其他爱好，就是全力以赴考虑自己的创作。只是他对待写作非常严谨，没有成熟的想法基本上不写，不是自己满意的作品也基本上不拿出来发表。

特别是对于长篇小说，胡石言一直心有所系。事实上，他在很年轻时就已经计划写长篇小说了。1951年，正在上海军医大学医院住院的胡石言，躺在病床上，就在构思长篇小说，只是担心精力有限，没有动笔而已。后来，他也尝试写过长篇小说初稿，叙述战争时期的故事，作品名字都取好了，叫《英雄炉》，但是只完成了一部分，给朋友看过，因为自己不满意，就没有全部完成，更没有发表。

"文革"后，胡石言的长篇小说梦从来没有泯灭过。他始终认为长期的军人生涯是重要的创作资本，感觉自己"有优势：主力部队的战场生活，指战员的音容笑貌，三十年来党史军史和战争的研究，使我有把握写好政治斗争和军事斗争。"因此很想写一部"革命战争长篇小说"。(《我这一辈子》)

所从事的工作更进一步刺激了他的想法。一次是在为陈毅写传记搜集资料时，他深深地为陈毅和早期恋人胡兰畦的情感故事所感喟。他知道这样的内容是不可能写到传记中去的，于是，他想写一部长篇小说来展示这段故事。他一度想将它写成一部《陈毅文学传记》，后来更设想将作品命名为《陈毅浪漫诗》。他曾向好朋友徐怀中透露过自己的片段构思和史料背景，徐怀中很认可，认为"如果这部小说得以面世，读者将会受到怎样的强力震撼"。[1] 当妻子提醒他说，陈毅是重要政治人物，政治和感情方面的分寸很难把握，胡石言却非常自信能够处理好。但是，作品最终还是没有进行。

所以，尽管胡石言在"文革"结束时年龄还不算很大，也一直有强烈的长篇小说梦想，也有过这样那样的设想，但是他还是没有留下一部真正的长篇小说。

之所以如此，与胡石言"文革"后承担的工作任务过多有直接关系，而背后潜藏的深层原因，则是胡石言习惯于服从和牺牲自己的性格特征。

20世纪80年代胡石言在家中写作

---

[1] 徐怀中：《石言文集·序》（第一卷），解放军文艺出版社2001年版，第2页。

在胡石言的晚年生活中，占据他最多精力的事情是陈毅传记的写作。中央军委安排各个军区承担写作"十大元帅传记"的任务。因为与陈毅较深的渊源，南京军区被安排写陈毅传记。

大家都知道这是一件非常棘手的工作。军队历史复杂，而且许多当事人都健在，又不可避免要涉及政治问题。但是，胡石言对上级领导的安排并没有拒绝。当然，客观说，即使他拒绝，这任务也很可能还是他的。这当中有胡石言自己的新四军战士经历，以及他对陈毅的敬仰感情，都起了部分作用。

他带领南京军区一个写作班子，写作《陈毅传》和《陈毅文学传记》，工程持续十多年，写成近两百万字，十二卷。这项集体工作，成了胡石言晚年生命中最重要的成果，也耗费了他"文革"复出后最重要的十多年。

由于胡石言性格的谨慎，也由于这项工作本身就需要严谨，因此，胡石言承担了非常多的具体工作，一部分是他亲自撰写，或参与撰写，或修改润色过。甚至包括校对，都要亲自来做。到晚年身体已经吃不消了，还坚持。"或与人合作，或直接参与加工，或作了重大修改，都凝注了大量心血。"[①]

除了强烈的服从意识，还有与之相关联的责任意识，以及对他人的帮助意识。胡石言晚年的创作量有限，还与另一个原因有关，就是在帮助别人方面付出了太多精力。其中有一部分是政治任务，也有一部分是人情原因。

胡石言长期担任军区创作室主任，他自觉有责任帮助别人，也有人把他当成了代笔的工具。

比如在负责《星火燎原》的征文工作时，胡石言就为许多部队

---

① 陈辽：《是作家更是个党员——永怀石言》，收入沈杏培《胡石言研究资料》，人民文学出版社2016年版，第212—220页。

老领导代笔。如为赖毅代笔的《毛委员在连队建党》，为唐亮代笔《古田会议后的一个连队》，为许世友代笔《万源保卫战》，等等，都收入了《星火燎原》一、二卷。这些老将军年龄已大，文化水平普遍不高，为写这些回忆录，胡石言也花费了不少时间和精力。

像为赖毅将军代笔写作《毛委员在连队建党》，因为赖是毛泽东主持下宣誓入党的，胡石言很重视，事先列好详细的问题提纲，启发老人展开对细节的回忆，如毛泽东上楼梯的情形，宣誓入党的具体地方，以及具体神态等。直到终于能够形象化地再现场景。

对军区青年作家，胡石言也一直具有"为他人作嫁衣裳"的奉献精神。对此，多位评论者都做了记叙。"从50年代战士尹家成的长篇小说《风雪春晓》，到80年代《陈毅文学传记》的《一个人和一个城市》《元帅外交家》《霜重色愈浓》等，他都倾注了不少精力。"[1] "他作为一位文学前辈对南京军区作家的团结与带领，尤其是对年轻作家的呵护与扶持，因此在东南方向上的军旅行列中站立起了一个个令人瞩目、享誉全国的知名作家。对其高风亮节和古道热肠的缅怀与赞美，想必是许多同行者和后来者的共识。"[2]

从这方面说，胡石言在除了作为作家之外，还有另一重的文学贡献，那就是作为文学组织者，在培养、扶植青年作家，在带领创作团队方面。20世纪八九十年代，南京军区的文学创作在全国都很有影响，出现了黎汝清、朱苏进等优秀的作家，以及创作出《陈毅传》这样在军队人物传记写作上开风气之先的作品，与长期担任军区创作室主任的胡石言是不可完全分开的。任何时期的文学，既需要作家个体的才华，也需要大的政治环境，还不能离开宽松自由

---

[1] 方全林：《石言》，收入沈杏培《胡石言研究资料》，人民文学出版社2016年版，第187—200页。
[2] 汪守德：《勾勒出冷艳凄美而又热烈浓重的生活底色——重读胡石言的短篇小说〈秋雪湖之恋〉》，《神剑》2016年第5期。

又积极上进的小环境。这种小环境的营造，最首要的自然是单位的主要负责人。

"文革"后的胡石言确实有突破，但是，对于胡石言来说，这种变化又不可能是决定性的，不能走得很远。

在政治上，胡石言始终都是一名老共产党员，其基本思想依然是对党的歌颂和忠诚，这是不可质疑的。他自己明确表示过："我对党中央三中全会以来的政策简直没有一点不一致的地方。长期向往的实现了，对党中央信心十足。……一个作者自己对生活怎么看，对路线、方针、政策怎么看，影响到你笔下的主人公，主人公的精神状态，主人公的态度，也影响到你的主题。"（《生活与想象》）还表达过："我对三中全会以来的路线、方针、政策。情投意合，由衷拥护，简直不存在能不能和党中央在思想上、政治上保持一致的问题。"（《我这一辈子》）

所以，胡石言的文学观念中，政治色彩是很明确的。这使他在1980年代迅捷发展的文学形势面前，既有欢欣喜悦，却也有感到难以适应、无法完全认同的地方。对于时代文学，他既有认同，也多少有所困惑与怀疑。特别是他阅读当下的重要文学期刊，阅读那些受到大家热议和好评的作品，清醒地认识到自己的创作不再是时代主流，读者也不会有多少认可。对此，他的心态显然是复杂，感喟中也不无孤独之感。

在这样的背景下，胡石言对自己有过这样的检讨。"我是个文艺'官'，主要从事'文艺服务性行业'，近几年又负责编写《陈毅传》，'自己的'创作就没有多少脑细胞来考虑了。……文艺'官'当久了，优点是理念多，缺点也是理念多。……我习惯于理性地想问题，会造成立意不错，形象不足。"（《关心与积累》）应该说，这确实是他的肺腑之言。长期的军旅生涯，文艺官员身份，自觉不自觉地限制了胡石言文学创作上的锐气，以及敢于写作、敢于突破自

137

己的勇气。自我，是限制胡石言晚年文学创作的最根本原因。

胡石言的老朋友陈辽对他的概括"是作家更是个党员"应该说是非常贴切的。"他所领导的南京军区文艺创作室，在新时期内成果累累，蜚声军内外，始终坚持四项基本原则，又支持改革开放，既没有思想僵化，也从不曾搞'自由化'。"①而且，陈辽还这样评价胡石言，应该说是充分注意到了他的传统与开放兼顾的复杂性，也指出了他思想上的分寸："第一，坚持四项基本原则，但绝不思想僵化；但坚持改革开放，但绝不搞'自由化'。……第二，石言的创作，真正做到了既高扬主旋律，又坚持多样化。……第三，石言一辈子坚持用现实主义方法创作作品，但他的现实主义是开放的现实主义，现代的现实主义，吸收了外来的手法和技巧。"② 也更有评论家对胡石言的思想主体做出这样的判断："石言作为一名坚定的共产主义者，在革命的腥风血雨中坎坷走来，不管他的情怀如何博大，思想如何变更，对共产党的价值体系总会有所偏爱和倾斜。"③ 虽然两位评论家表达方式和看到的侧面略有不同，但对胡石言思想的基本判断是完全一致的。

所以，胡石言能够在文学与政治之间进行"擦边"，这种"擦边"也确实很有思想火花，颇具锐气和胆识，但是，这种"擦边"还难以做到系统全面，并形成思想上的大胆"越界"，完全突破外在环境，对昔日自我和时代文学做出实质性的超越。

胡石言对自己"擦边"有准确而深刻的认识："我之所以尚能'擦边'，是因为面对生活海洋的风涛，不能不呼喊；要呼喊，不能不沉思，不能不用马克思主义来照亮大海和脑海。"(《面对大海的

---

① 陈辽：《是作家更是个党员：永怀石言》，收入沈杏培《胡石言研究资料》，人民文学出版社2016年版，第217页。
② 陈辽：《石言文集·序》（第一卷），解放军文艺出版社2001年版，第7—8页。
③ 沈杏培：《胡石言创作论》，收入沈杏培《胡石言研究资料》，人民文学出版社2016年版，第21页。

沉思——关于创作问题与胡德培的通信》）而其实，他的思想应该比"擦边"走得更远，只是无法在公开场合表现出来而已。

在与家人的交流中，他就表达过自己有很多想法，现在，甚至很长一段时间内都无法发表出来，但他计划一定要写下来，即使不能公开出版，也想作为自己思想的一个见证。遗憾的是，因为生病，他最终没有将这些思想留下来，我们也无法了解到思想层面的胡石言究竟看到了多深，走到了多远。

相对来说，在艺术层面，胡石言可以接受和改变自我的空间比较大，但最终也会陷入难以接受的困境之中。对于不断变化和发展的文学观念，不断更新的文学创作潮流，胡石言一开始是持着认可和学习的态度，但是，随着观念越来越开放，艺术发展越来越先锋，他就感觉不适应和不接受的地方越多，内心的抵触之处也越发明显。这种不适应必然会对其创作产生严重的影响。

胡石言明确表达过："我也欣赏并愿意吸取现代主义的某些表现技巧，但我喜欢的还是现实主义和反映论（尽管反映论在不少人眼里已是机械论的同义语）。特别是，我对于现代主义文学的审美和感知中最有'现代'特色的心理状态简直格格不入，我知道我只能自外于新潮了。"（《我爱强意识》）从他的作品，以及他所发表的文章中，我们可以清晰地感受到胡石言的矛盾和困惑。现代主义的文学观念和方法，与传统的文学观念和方法，在往两个方向争夺着他，或者说，现代主义文学思想在激烈地冲击着他原有的文学观念和信心。他既兴奋，又迷茫，既喜悦，又痛苦。

这种思想冲突很容易让人心力交瘁，是难以持久的。在 1984 年，他就感叹："我觉得自己不宜在今天再当小说家了。"（《我爱强意识》）终于，胡石言选择了暂时退出文学创作，希望能够静下心来，处理自己无所适从的心态："1984 年以来，西方现代主义的文艺思潮对中国文艺创作的影响越来越大，石言感到不适应。对于现代主义的文学成果,他接触不多,很想深入研究消化,他觉得需要重新学习和思考。1986年他暂停小说的写作。"①

相比于文学方法,胡石言在文学思想方面突破的难度自然会更大,他所表现出来的局限性也更为明显。从人的角度来理解文学,将人物塑造与对人的表现结合起来,是晚年胡石言文学思想的最突出之点,因此,他很认同"文学是人学"的看法,并有所阐释:"文学是人学。在人物的性格、人物的关系、人物的命运这些方面没有独特的深刻的东西,就没有了艺术。但是我们的创作常常忽视人物,或仅把人物当做表现战争的木偶。……不但不排斥伟大斗争,还尽可能正面地、本质地反映伟大斗争,而其中的主人公,又要能有生动曲折的有典型意义的个人命运。"但是,胡石言对"文学是人学"思想的理解仅仅局限于人物形象描写方面,却完全忽略或者说撇开了其背后真正复杂的内涵,是对这一概念明显的简单化,也远没有真正揭示出文学与人关系的真谛和根本之所在。

而且,对于生活中的苦难,他也基本上持回避态度,致力于书写生活中的积极面和美好面:"我不能容忍残酷的东西。我希望我的作品表现人的美好情感,尤其是我们革命队伍内部真诚的美好的人性与人情。"② 他的作品基本上不写悲剧,或者说很少真正触及到生活中的苦难,甚至较少写"文革"生活。这当然可以说是他的着眼点主要在现实,但也反映了他对深层生活的选择性回避。

因为任何人都知道,反思苦难,反思"文革",到深层处必然触及一些政治敏感区。也正因为如此,"文革"后的苦难书写一度受到一些人的批评,丁玲等作家更以"母亲打孩子"来为苦难历史

---

① 方全林:《石言》,收入沈杏培《胡石言研究资料》,人民文学出版社2016年版,第189页。
② 方全林:《论石言的小说》,收入沈杏培《胡石言研究资料》,人民文学出版社2016年版,第162页。

进行辩解,表示原宥。有批评家这样论述这种创作:"遗忘过去,相信未来",即"创伤成为'混乱'的过去所发生的故事,而我们'现在'正在走向完美的未来!"①但我以为,这不是作家的光荣和胆识,而是一种心灵的畏避。

当然,对于胡石言来说,他的这种选择还源于他基本的人生态度和思想观念。胡石言是一个对生活持乐观坚韧态度的人,无论生活中有什么困难,他都主张往前看,不悲观不绝望。在这种心态的影响下,尽管他也曾经真正上过前线,亲眼见过战争中的残酷和血腥,但他早年的战争小说基本上回避了这些细节。而对刚刚过去的"文革"生涯,他也认为不能总沉浸在往昔的痛苦之中,应该多看光明面,多向前看,特别是不应该停留在情绪化的宣泄当中。因此他少写"文革",更少有悲剧性作品问世。

所以,对于胡石言的这种创作状况,简单的否定也许并不恰当,而是需要联系作家的性格和生活态度来认识。甚至说,他的部分观点也不能说完全没有道理,特别是他认为文学创作不应该太多情绪化色彩,确实是对部分"伤痕文学"作品缺陷的针砭。

在这个前提下,胡石言的老朋友、评论家陈辽对胡石言的分析定位是有很强参考意义的。他分析胡石言的早年创作:"像石言同志这样一些从少年时代就参军入伍的革命文艺工作者,他们从创作活动一开始就是'遵命文学'作者,他们在创作实践中几乎把全部精力用来歌颂光明。"并批评这些作品"未能用战斗的笔有力地暴露存在或隐藏在革命阵营内部的某些黑暗,这是他们创作上的不足之处"。② 应该说,陈辽的剖析和批评既符合胡石言早期创作,也

---

① 李敏:《时间的政治——以"伤痕"和"反思"小说中的创伤叙事为例》,《山东社会科学》2007年第2期。
② 陈辽:《艺海浮沉话〈柳堡〉——记〈柳堡的故事〉的主人公李进一夕谈》,《钟山》1979年第2期。

适应他后期的部分创作作品。

胡石言的思想与现实之间的不完全协调，决定了胡石言晚年创作的艰难，以及难以具有持续性。

终于，到1986年之后，胡石言进入到创作的停滞期。1986年声称自己暂时中断创作，表示"我觉得自己不宜在今天再做小说家了，我照原路子写出的小说不会再受圈子里许多同志的欢迎。迷惘、混乱、孤独感、狂躁感、自我分裂等等很受当代作家评论家宠爱的感觉，我都没有。我心头也会有痛苦、忧郁的冰块生成，但可惜它们很快就消解在我革命的民族的传统意识的暖潮之中"。（《我爱强意识》）

正因为这样，晚年胡石言一直未能真正进入最佳的创作状态，他的内心一直处在徘徊之中——他的精力分散，其实也未尝不可以看做是这种徘徊的表现。因为，以他对文学那么强烈的挚爱，以他对长篇小说那么急切的创作情怀，以及对自己年龄的认识，适当推掉一些工作。特别是在他已经办理离休的情况下，如果真的有充足的创作信心，有非常明确的创作志向，应该不是完全的难事。只是因为文学观念与现实之间的不完全一致，无法营造出宁静而放松的创作心态，也就难以充满自信地下笔。

这种情况，在新时期文学中并非偶然现象。文学史家们已经注意到，在"文革"后的文学中，有一批老作家具有特别强的生命力，八九十岁了还写出了不少好作品。典型如巴金，在高龄创作了具有高度思想启迪意义的《随想录》，开启了新时期文学的"忏悔录"潮流；宗璞写作了高质量的知识分子题材系列长篇小说《野葫芦引》；杨绛写作了反思历史的《干校六记》《洗澡》和《我们仨》；孙犁创作了大量高质量的散文作品；施蛰存在八十五岁时还写作《浮生杂咏》，以及牛汉、屠岸、绿原、黄永玉等，形成了一种很独特的文学现象。

学者刘绪源对这种现象进行过思考，认为这些作家之所以具有这种"永葆青春"的创作力，原因在于作家们自幼即具备了独特的才情和文学素养，早就形成了自己独立的"创作个性和审美个性"，因此即使中间被迫中断了多年创作生涯，一旦恢复，依然能够保持"强劲而绵长的后劲"。①

　　这种说法确实很有道理。因为我们注意到，上述老年创作井喷的现象基本上局限在20世纪20年代之前出生的一代人，也就是说，在这之后出生的作家，尽管不乏高寿者，但是能够延续自己文学创作事业，并保持较高水准的，几乎没有。比如胡石言这一代作家就很少出现晚年辉煌的例子。如贺敬之、柯岩、魏巍、刘白羽等，基本上进入人生晚年创作上也偃旗息鼓。尽管从年龄角度说，他们在"文革"结束时都还不算很老，之后的物质生活和创作自由度也更好，但是他们没有像他们的前辈一样，在自己生命的晚年再焕发一次创作的青春。

　　甚至说，当1980年代改革开放的大潮涌起，传统的文学观念受到根本性的冲击。许多老一代作家都留在了潮流的末端，对现实文学持坚决的否定和批判态度。其中不乏艾青、孙犁这样著名的老作家，更不乏与胡石言同一代的贺敬之、刘白羽、魏巍等人。

　　这其中的原因当然不止一个，但考虑到情况如此之普遍，就绝非个人因素所能解释。我以为，其一，是思想的固化。特别是那些文化水平不高的作家，很容易陷入"十七年"和"文革"文学思想的影响中难以自拔，甚至面对不断变革的社会现实和文学观念，他们更多迷茫、不满，却很难接受和适应，思想观念不能跟上时代，不能以积极的态度看待现实，也自然难以借助时代潮流达到自己新

---

① 刘绪源：《儒墨何妨共一堂》，收入《世纪老人的话：施蛰存卷》，辽宁教育出版社2003年版，第175—193页。

的高峰。其二是文学素养。尤为重要的是早年启蒙时期接受的文学熏陶。是真正在优秀的文学滋养中开始文学启蒙，还是成长于比较简单的文学环境中，很可能不只是决定他们早年的文学成就，而是会影响他们一生。

在这方面，胡石言的情况既与他的同龄人有某些相似，但又有他自己的独特性。他虽然不像巴金他们那一代人一样能够迅速转换自我，进入到创作的新高峰，但他却在短短几年之间，迅速改变和提升自己，使自己的创作达到了一个新的水准。虽然由于身体原因创作突然中断，创作的作品数量不是太多，也没有完成出真正能够体现他最高峰的作品，但是，在对文学、历史等方面的思想认识上，他应该说已经达到了他们那一代作家的最前沿。

究其原因，胡石言早年的文学启蒙起了非常重要的作用，让他始终能够保持对现实一定的距离，对文学很清醒的认识。之后，虽然长期在军队生活，纪律严明，思想统一，但一旦进入比较宽松的环境，恢复创作，思想自由空间大，马上就有较大发展。

而且，在胡石言的晚年，他实际上从没有真正放弃过文学创作的想法。即使是在 1986 年前后，对现实文学不满意，感到自己不能接受，也追赶不上形势，但他仍然在尝试创新，努力追随时代的步伐。他经常阅读青年作家们的作品，了解新的文学理论和文学观念，并阅读了不少外国翻译小说，尤其喜欢美国作家赫尔曼·沃克的《战争风云》。他这期间创作的《年年七夕》《大爆炸》等作品，更是较广泛地运用了新的艺术手法，通过大量的时空转换，叙述视角的改变，来进行形式创新。无论对胡石言个人历史还是就作品本身的艺术水准，这些都是很有意义的。

所以说，指出晚年胡石言创作的缺陷，不是对胡石言的苛求。多方面的因素对他构成了沉重的制约。长期历史所积累的重负不可能在短期内完全消除，更会严重阻滞他前行的步伐。并且，还要考虑到，毕竟这时候的胡石言已经不再年轻，也承担着相当多的日常工作。他的努力和他的艰难都是可以想见的。

所以，让人感觉到更多的还是遗憾，就像一只鹰，久久被困，终于可以起飞了，但因停滞太久，部分肌肉和神经已经僵化，恢复起来太难、太缓慢。而其年龄已大，精力衰退，遗憾是不可避免的。

Ⅲ 人物传记的写作

为陈毅等新四军领袖写作传记，是晚年胡石言最重要的工作。他领导写作组完成了《陈毅传》和《陈毅文学传记》的写作，还与吴克斌合著了《陈毅北渡》（战士出版社1983年8月出版），又主编了《新四军故事集》，组织编写和修订了《百万雄师下江南》《决战淮海》等军事文学作品。

这些工作的一个共同点，就是都与新四军有关，而胡石言之所以承担这一工作，虽然主要原因是上级部门的布置和安排，但同时也与他和新四军的深厚感情有关系。

在胡石言的生命中，军营生活，特别是新四军占有非常重要的地位。从生活时间来说，军营生活占了生命四分之三以上，而其中，他的青春记忆、思想成长都与新四军生活密切相关。此后长期工作的南京军区，也与新四军有很深的渊源，所以，他对军队，特别是对新四军的主要领袖陈毅有着非常深厚的感情，很想为陈毅写一本传记，表达自己对领袖的景仰和塑造英雄的愿望。所以，胡石言对于承担这些繁复的回忆录和传记写作任务并非完全没有兴趣和热情，他也是费尽心力想努力做好的。

十多年领导军事传记工作，自然要钻研军史，接触丰富的历史材料。所以，在承担军事传记任务的过程中，胡石言也颇多收获，他不只是对军队历史和人物有了更深的了解，也形成了自己很多的思考。他最初的愿望是想写英雄，塑造新四军的英雄形象，但是，后来，他的思想显然不再局限于此，而是有了更高的要求，那就是对历史真实的兴趣，以及还原历史真实的愿望。

在许多文章和谈话中，他都表达了对历史真实的强烈兴趣。"材料，尤其是党史上重大问题的硬材料，对于纪实性的革命历史题材的文学巨制来说，是宏伟建筑推不倒的基础和构架。"（《拥抱你的客体吧》）"至于当年敌对双方公开性的宣传材料和言论，根据这些材料和言论编写的书籍，后来写作的回忆录，就只能作为参考性的旁证。"（《找米下锅》）并将对历史真实的追求与自己的工作责任联系起来："人民群众希望听真话、知真情，厌弃那种以尊卑浮沉定褒贬的态度。研究党史的作家有责任为实事求是的原则奋斗。"（《拥抱你的客体吧》）

如此的严谨客观，具有很强的科学性，显示了胡石言非常严肃的历史态度，也是他一贯做人做事态度的体现。

胡石言之所以有那么强烈的历史真实探询愿望，一个最直接的原因，是在搜集资料过程中，他发现，历史被篡改和被遮蔽得太多了。一开始写《陈毅传》的时候，到各个部队采访，了解情况，接触到大量历史真相，也包括传主陈毅的一些私生活。但是在当时背景下，所有的负面内容是不可能触及的，对陈毅的生活，也只能选择完全正面的来写。这一度让胡石言非常痛苦、难受。

到1994年6月，他在南京军区总医院治疗期间，还给中央军委、总政写下了《对编写元帅文学传记的意见》，总结了他在组织编写《陈毅传》中的体会，提出了许多建议。这是胡石言病重前写下的最后一篇文章。[①]

[①] 均参见陈辽：《石言文集·序》（第一卷），解放军文艺出版社2001年版，第9—11页。

在文章中，他特别提出"要以实事作为根据"，"问题是：准不准我们接触实事，准不准我们写实事"，并且建议："首先请开放档案，使编写者充分写出来，形成书稿，再送审；送审而有删改的意见时，容许编写者辩论，如编写者对头，则应通过；如果目前因某种原因确实不宜公开出版，当然应该服从，但书稿仍可作密件保存，以便今后利用。目前出版时可以大作删节，今后在适当时机可以重新增补出版。否则珍贵的经验教训就此失传、湮没，那真是太可惜了。"（《对编写元帅文学传记的意见》）

在阅读历史材料、访问历史过来人的过程中，胡石言有很多感受和体会。有一次，他和写作组其他人一起去访问一位八十多岁的老将军，也是新四军的老首长。将军已经卧病在床，但为了探询某一段史实，胡石言他们在病榻旁一再询问，但将军一直都不肯细谈。后来，胡石言托将军夫人在只有他两人时把与陈毅有关的一位悲剧女主角四十多年前的一封信念给他听，以触动他的回忆。结果，当将军夫人念到某一部分时，老将军突然呜咽，眼泪哗地流了下来。胡石言不忍再问，但也深深感悟到历史背后的复杂和隐秘。他只能发出这样的感慨："当你以真挚之心去探求去感受的时候，你会得到意外的震颤。"

在搜集材料过程中，胡石言更将他谨慎细致的性格态度落实得非常充分。他事无巨细，每事都要亲力亲为，力求落实第一手材料，防止以讹传讹。据《陈毅文学传记》的编辑董保存回忆，一次，胡石言等人到中央档案馆、军委档案馆查阅有关档案材料。与董约好晚上六点多见面，却迟到了半个多小时，原因就是"和陈毅元帅的一个亲戚核对一个事情，他又提供了另一个当事人，还说住处不远，我就立即赶过去了，这北京可真够大，谈完往回赶，怎么也赶不回来了"。而这时候，胡石言还没有吃晚饭，只是非常简单地吃了一些方便食品。

董保存还回忆了一件事，既说明胡石言的事必躬亲，也说明他做事的细致认真："陈毅元帅的文学传记是根据不同的历史阶段几个人分头写的。石言与人合作了两本。这两本就不必说了，有一本别的同志写的，送到我手上之前，石言对我说，作为传记组组长他要改一遍。稿子交到我案头的时候，我很惊讶，这哪里是修改呀，石言用他那工工整整的钢笔字重写了一遍。我问这是怎么回事，他说，一边改，一边抄，我又搞了一遍。我问：'这部书稿算是谁写的呢？'他说：'原稿是谁写的就是谁的。'说这话的时候，他很平静。见我有些诧异，他说：'这很正常。这么多年，在军区文化部我干的这种事多了。'"[1]

在这过程当中，胡石言也确实接触到一些重要的历史材料，也就是所谓的"硬材料"，它们指历史当时的机密文件、经过核查的手稿、记录稿，特别是当时的电报原件以及查明了原件保存处的电报抄件。这些材料是验证历史事实最重要的基础，也是还原历史不可缺少的证据。胡石言也特别重视这样的硬材料。"经过核查鉴别、证明准确无误的'硬材料'对于史学家和文学家都是珍贵的。它是推断的可靠依据，也是感受和想象的可靠依据。"

在具体工作中，胡石言他们接触的不乏重大历史事件。一次是关于皖南事变的。某大博物馆声称收藏有一个"电报抄件"，就是皖南事变时，中共中央命令项英指挥的新四军向南走入绝地的材料。如果真的有这样的"铁证"，那么就可以明确得出结论：皖南事变失败的首要责任在中央而非项英。但是，胡石言他们经过认真鉴别，并专门向博物馆查询，证明他们所收藏的并非是查明了原件保存处的真正电报抄件，也就不是所谓的"铁证"。

---

[1] 董保存：《永远年轻的石言》，收入沈杏培《胡石言研究资料》，人民文学出版社2016年版，第209页。

还有一次是红军长征中的重大事件,就是关于张国焘要求红军打红军的著名电报。对于这件事情,胡石言一直坚持实事求是的态度:"至于长征中关键时刻的一份著名电报至今查无实据,那就更不能以某某人的口说为凭证了,不管口说者的地位有多高。"

无论是对于一个作家,还是对于一个历史的记录者,这种态度都非常值得尊重和珍惜。也许是胡石言作为历史的过来人,能够更深地感知到历史被遮蔽、篡改得太严重,特别是历史中的人被修饰、纯化得太厉害,所以才会有对还原历史真相如此迫切的要求。如果我们能够结合中国党史的发展历史来看,特别是从1980年代到21世纪的最近二三十年间,有多少历史真实被揭开,我们以往有多少历史认识被颠覆,就可以知道胡石言的努力有多么大的意义。

不过,在当时的时代背景下,胡石言在还原历史方面能够做的工作和所达到的效果其实都很有限。他不可能真正能够突破许多禁区去挖掘和洞悉历史真相,许多历史事实也只能深埋在地下,成为永远的秘密了。无论是对于党史,还是对于文学来说,这种损失都是无法弥补的。

胡石言直接参与历史相关还原工作,对这一点的理解肯定是深刻的,也自然会产生内心的冲突。一方面,他崇拜自己的领袖和英雄,希望能够建构起英雄的历史、光荣的历史;但另一方面,他也知道历史当中存在着较多的负面内容,特别是在个人生活方面。英雄需要的是完美形象,但是历史的真实又必然有瑕疵。如果完全照实写下来,一则会影响英雄形象建构的初衷,还可能会招致一些不必要的麻烦。但如果忽略掉这些内容,历史又肯定是不完整的,也不符合胡石言严谨的个性和历史态度。

于是,胡石言提出一个折中的方案以试图保持二者的平衡。他建议,元帅文学传记应该写军事斗争或以军事斗争为主,也就是说,应该少写政治斗争以及个人私生活。

就个人而言,胡石言还试图以另一种方式来解决这一矛盾。那就是以两种方式来写传记。他在领导写陈毅传记时,定下一个个人写作计划,并从一开始就按照这个计划来准备材料和进行结构安排。那就是准备写不同的两本传记,一是完成组织上交给的任务,写一本严格政治化的人物正传;再就是另外出一套文学传记,以作为政治任务的补充和完善。

应该说,在当时的环境下,胡石言的这个设想和尝试是有一定价值的。它虽然有为英雄人物美化的嫌疑,但又没有违背历史真实。这在当时是很大胆的尝试。事实上,即使是在今天,它也有充分的实践性意义。因为在今天,无论是党史还是一般性的历史,被遮蔽和曲解之处依然不少。既有很多历史真相、历史记录亟须打捞和保存,也需要写作者有足够的勇气把它们写出来。在许多历史真实难以在正史当中充分展示的前提下,胡石言的方案也具有其一定的合理性和现实性。

胡石言对历史人物传记的严谨态度,虽然是处在"文革"后不久的历史背景下,但其许多思考和做法在今天也还有借鉴意义。在商业化的冲击下,当前的传记文学写作存在不少问题,其中最突出的就是缺乏严谨性,各种戏说、胡说随处可见。虽然历史人物传记层出不穷,但其实,历史的真相不但没有被揭示,反而被更深地遮蔽和曲解。

胡石言在历史人物传记写作上付出了很多的心血和精力,也确实取得了相当突出的成绩。对此,他不无自豪和骄傲。虽然对自己晚年文学创作成果方面觉得有所遗憾,并且感叹:"我的史传文学写作任务使我没有时间投入当前的沸腾生活,使我没有条件在这个最重要的领域和同行们作一番竞争。"但同时,他又心甘情愿为此付出自己晚年最宝贵的时间和精力:"我感到,完成了这一工程,死了才有脸去陈老总麾下报到。"(《我爱强意识》)在他内心深处，传记文学写作无疑是他晚年最重要的工作。

从文学角度，我们也许可以这样为胡石言设想：也许他不花这么多时间在传记写作上，而是集中精力在文学创作，也许会有更大的成绩和收获？或者说，从后来者角度看，晚年胡石言距离自己的真正文学高峰也许只差一个台阶了，但他却没有最后跨过去。

但这种假设其实不存在意义。因为，胡石言之选择传记写作，是其深层精神的真实体现。

胡石言热爱文学，但是，他更把政治任务当成自己的第一需要。他的文学观念服从于政治，文学任务同样也服从于政治。在文学创作与政治需要构成冲突、需要他做出选择的时候，虽然在内心深处，胡石言可能会有矛盾、犹豫，但在现实层面，他的选择毫无疑问是后者。这是他为什么在晚年始终无法集中精力在自己最热爱的文学创作上的根本原因。

这也许是长期军旅生涯所导致的一种生活惯性，也是胡石言的性格使然。这两方面的因素，使"一切行动听指挥"的思想已经潜移默化地深入到胡石言精神之中，成为他的潜意识思想，并养成了他以服从为天职的习惯思维。在这种思想惯性下，他对自己真正的内心要求反而不自觉，或者即使意识到了也会不自觉地进行压制，使之胎死腹中。

所以，相比于在文学创作领域，胡石言在战争、历史、人物传记写作方面，其实更见热情，也更有自信，放得开。因为这个领域不像文学那样放得开，当然这也是他非常喜爱、非常熟悉的生活范围——战争、军事、军人等——他能够在这里更有自信，更能掌握住。在文学创作方面反而显得拘谨。比较起他对文学的热情，特别是曾经的文学热情，可以感觉到其中的反差。这不是说胡石言对文学的热情降低了，而是他感到在这个领域他已经不那么自信了，时代的发展、潮流与他所熟悉的已经不同了，他无法把握，虽然努力追赶，却不那么顺心，而且还存在内心的抵触。

胡石言的选择当然无可厚非，但从历史旁观者的角度来说，总是感觉他的才华尚未能得到完全的施展。

Ⅳ 对历史的思索和探究

胡石言晚年长期致力于军事历史和人物传记写作，表现出强烈的还原历史真实的愿望。而在搜集整理历史资料和写作的漫长过程中，胡石言更广泛地接触到许多机密的历史资料，亲自采访了许多历史过来人，深入地洞悉了许多鲜为人知的历史真相，从而使他对历史的认识更深刻，思考也非常之丰富。特别是在他最关切也最熟悉的新四军历史方面，他的了解最多，思考最深入，表达也最迫切。这些思想部分地体现在他历史人物传记写作中，也部分地体现在他的文学创作和文学理论领域。

早在与历史题材完全无关的小说《夜来香开放的时候》中，胡石言就曾借人物之口表达出这样的历史观念："《东方红》对在战争时代的农民来说，是个很好的歌。但是它毕竟是农民的歌，'大救星'的概念是政治上没有自己前途的农民的空想，是历史唯物主义的东西。时至今日，无产阶级先锋队的老队员吴老，为什么还对'大救星'的歌曲这样怀念呢？我觉得吴老他们的感情深处，还非常留恋 50 年代。不，我们要三中全会，我们要 80 年代，我们要无产阶级的理想和纪律，我们不要迷信，不要吹捧，不要弄虚作假。"

这段话的落脚点虽然还是在十一届三中全会上，但思想内涵却是很有前沿意识的，它针砭的是深层的革命文化问题，是如何真正客观地认识历史，认识历史中人的价值和意义。这一思考在当时 1980 年代初期的背景下，是很大胆的，即使在 21 世纪的今天，依然很有现实意义。

但让人觉得美中不足的是，胡石言的这一思想只是偶尔露峥嵘，没有真正系统地深入下去。他此后对历史的思考更为具体、细致，也更集中在军事文学，特别是关于新四军历史文学方面。这有其合理性，毕竟，他是一个军人作家，对军队生活最熟悉，他最想写、写得也最多的，都是军营生活。

文学艺术层面是胡石言最早关注的方面。早在1980年，胡石言就很明确地表达了对以往文学那种肤浅简单惯性模式的不满足，以及努力尝试创新的愿望。"把敌军写成草包，把战争写成儿戏，把我军、我党写成完全一致，把英雄人物写成超凡入圣，这样的作品是无法叫读者相信的。"①

在胡石言一直有着强烈创作愿望的长篇小说领域，他更表达了对"史诗艺术"的执著愿望："喜欢空灵的作家对此说会有反感。可是长篇军事文学不想写重大题材则罢；否则，对于历史、社会、人物的了解、思考和表现非如此不可。不能满足于短暂浅表的主观感觉，而是要大量全面深入地搜集材料，要剖析、研究，以加强感受、理解与升华。要向史诗追求，不但是斗争的史诗还是心灵的史诗。作品不仅要有大的审美价值，还可以在史学、哲学、心理学、军事学等等方面有相当的价值。"（《皖南事变·序》）

此后，胡石言在《解放军文艺》上发表《"中子星"——关于发展和深化中国军事文学的对话》，文章一开始从宏观层面上表明了自己的革命者态度，讨论了战争本质和民族战争本质问题，充分肯定了中国革命战争的性质。在此前提下，对军事文学进行了系统而全面的思考。这篇纵论整个军事文学创作的文章，富有理论高度，也有大胆的思考，在当时的军事文学界产生了很大的影响，胡

---

① 胡石言：《革命军事文选大有可为》，《解放军报》1980年3月30日。

石言也因此被许多人认为是在文学创作和文学理论两方面都很有建树的作家。在军事文学界，这样的作家是比较少见的。

文章最突出的观点表现在两个方面。其一是强调在创作过程中作家的主体地位，特别强调要"十分勤苦地去深入了解充分掌握军事文选的主体——久经战火的许许多多个体的人"，并认为"要击破这个'中子星'上的一个个原子核——心灵，突破他们封闭隐讳和缺乏形象思维的心理障碍，开掘他们在战争年代真实的感受、真实的反映和心灵深处的矛盾，不断充实创作主体——作家，去拥抱极为丰富军事文学主体——战争中的人，才能产生伟大作品"。其二是表达了对"史诗式的军事文学作品"的期待，并指出自己对这类作品的认识和要求，认为一部史诗作品需要有这样几方面的内涵："第一，正面表现伟大革命战争的某些决定性的斗争，以充分展开军事文学所特有的气魄壮伟、政治意义深刻的典型环境。第二，以若干战争中的人的个人命运和心灵嬗变为主线。第三，着力塑造既是时代典型又是性格典型的革命英雄形象，为中国和世界所公认，为中国新的伟大民族性格的形成增添有力的精神因素。"

从文章中，我们可以看出胡石言对军事文学创作发展的焦虑感和急切感。他对军事文学创作的期待，也未尝不可以看做是他对自己的要求和期待。塑造真正有分量的优秀人物形象，创作出优秀的"史诗作品"，是他一直的梦想和强烈愿望。而从军事文学创作历史看，胡石言文章的呼吁也很有针对性，特别是从传统现实主义文学要求来说，人物形象和史诗性都是当时突破的重要方面。胡石言的视野敏锐，也切中了问题的要点。

在此前提下，胡石言还特别提出对战争中人的关注，并借用当时很流行的"性格组合"理论来表达自己的思考："从已得的史料中，我们可以窥见重要历史人物的灵魂。这些灵魂中，不但如刘再复所分析的，和亿万人一样，有人物性格的二重组合，而且其中的善与恶、诚与诈、洁与污、智与愚的矛盾，都发育到远远超过普通人的程度。"（《找米下锅》）并进而将塑造真实人物形象、展示出人物心灵世界，作为军事文学写作的较高层次。在他看来，军事文学可以分为四个层次。第一层次是"英雄、群众、党领导"；第二层次是写出一些矛盾，包括路线政策、战略战术上的矛盾和私生活中的矛盾。第三层次是个体的人的心灵，人的文化心理素质，包括某些政治上深刻的苦闷和私生活上的复杂的纠葛。第四层次属于党内军内的绝密材料。认为目前的军事文学还多停留在前两个层次。

特别是在《陈毅传》的写作中，胡石言的感受更为强烈。在《要走着写，不要跪着写——〈陈毅传〉写作杂记之一》中，他表达了对真正人性化的人物形象和真正生活化的英雄人物的急切呼唤，并将人物的真实性作为重要要求提出来："我们中国的革命英雄人物远多于其他国家，然而，我们却没有能通过文学作品使我们的英雄人物去占领世界各国人民的心。原因之一，就是我们的英雄人物是'跪着'写出来的。十全十美，叫人很难相信是真的。"

有学者这样评价胡石言的人物传记写作，认为胡石言实现了对历史真实的强烈追求愿望，在塑造真实历史人物上也有重要突破："石言在进行史传文学的撰写时，恪守着秉笔直书的写史原则，摈弃'高、大、全'的刻板人物形象，敢于反映伟人的缺点，而对于党内高层之间的多重矛盾和纷争也积极开挖，毫不避讳，比如在《哀军北渡》中就剖析了陈毅与项英、胡服等人统战策略与作战方案上的矛盾，并花了大量笔墨叙述陈毅如何在兼具的条件下取得'黄桥之战'的胜利。"[①]

在一篇名为《将军的日记》的小说中，胡石言充分地表现了这

[①] 沈杏培：《胡石言创作论》，收入沈杏培编《胡石言研究资料》，人民文学出版社2016年版，第29页。

种探索历史真实的强烈愿望。作品中,传记作家去采访一位老将军,希望能够读到老将军当年写下的日记。为此,作家动员多人,想尽办法。最后,将军把日记交给了作家,但是日记已经被严重涂改,完全不能辨识其真实面目了。作品中的故事源于胡石言自己的真实体验,作为记者的"我"了解真实历史的愿望之强烈,最后之失落得如此严重,都完全可以看出胡石言自己的影子,也传达出他自己强烈的内心要求。

胡石言的愿望无疑是明确而强烈的,特别是他一直想写关于陈毅和关于革命战争道路中人的成长两个主题的军事长篇小说,想留下人性化的历史人物,还原真实的历史场景,这些想法和思考都非常值得敬重,也让人充满期待。但是,在多种原因制约之下,他的创作始终没有落实为现实,倒是身边的朋友率先创作出了有影响的作品出来。于是,胡石言的思想只能在对朋友作品的交流和评论中得以部分地展露出来。

在南京军区政治部,胡石言有少数几位同道者,其中,在文艺创作室任创作员的黎汝清是他最要好的朋友。两人年龄相差无几,生活经历也比较相似,又都钟爱文学创作,因此虽然胡石言为人谨慎,黎汝清坦率,比较大胆有个性,但两人交情不浅,私下里经常会讨论一些新四军军史上的一些问题。

胡石言原本为人谨慎,但为了朋友,偶尔也会跟领导顶撞一下。有一次,胡石言、黎汝清一起参加军区的春节会餐,司令员许世友到每个桌去敬酒,走到黎汝清这一桌,就说:"听说黎汝清不喝酒……男子汉不喝酒?我不信!"黎汝清原本滴酒不沾,但司令员敬酒,也多少有些尴尬。胡石言见了,连忙打圆场,说医生不让他喝。才帮黎汝清遮挡过去。

在生活中胡石言为黎汝清挡酒,在创作中,胡石言也敢于为他摇旗呐喊,仗义执言。

黎汝清的文学道路起步也比较早,早在1950年代就有作品问世,但他真正有影响的创作却主要起始于"文革"时期。他创作的《海岛女民兵》《万山红遍》等,是当时有较大影响力的作品。但也正因为如此,"文革"结束后,有人对黎汝清颇有微词,认为他是有"左"倾思想的作家。但胡石言身为其同事和领导,并不认同这些看法,而是非常肯定黎汝清的创作才华,给予他很大的鼓励和支持。

20世纪80年代初,黎汝清开始创作长篇小说《皖南事变》,据胡石言在给作品所作的序言中所说:"1984年春,老黎把他的一部长篇小说的初稿说给我听,说是写皖南事变和突围人员的。我听完大为不满,认为根本不是皖南事变,也缺少皖南突围人员特点,而且仍然没有脱出你黎汝清自《海岛女民兵》《万山红遍》以来的艺术格套。你老黎结构能力强,想象力活跃,写作勤快,出长篇多矣,是'节育优生'的时候了!我悄悄地和一些出版社的同志们约好,待老黎把此稿送给他们时,请他们给老黎'当头棒喝',以逼他另写,逼他突破(此事到我现在下笔写评介时为止,老黎尚不知道),因为老黎是有能力突破的,却被出版社'宠坏'了,送一部出一部,容易安于现状。"(《皖南事变·序》)黎汝清在回忆胡石言的文章《深切悼念石言同志》中更表示:"他不但提出许多中肯的意见,而且提供许多重要的史料,在许多重大的改动中,都有石言同志的智慧和心血。"

特别是在《皖南事变》之后,黎汝清创作另一部著名长篇小说《湘江之战》时:"写起来比《皖南事变》还要有风险,主要是写中共高层,有毛泽东、周恩来、博古、张闻天、林彪等人。"连黎汝清自己都很担心题材是不是太敏感,但胡石言却鼓励他大胆写,作品才得以顺利完成。

显然,胡石言对黎汝清在长篇小说创作上的丰收和成就,不但没有丝毫的嫉妒和压抑之心，而是给予充分支持和帮助。特别是当黎汝清的小说创作遇到争议和困难的时候，胡石言更是敢于仗义执言，在领导面前对作品大加赞赏，还亲自写文章为作品辩护。对于性格一贯温和、谨慎的胡石言来说，这样的行为并不多见。它说明黎汝清这些重新阐释历史的小说深得胡石言之心，甚至可以说，黎汝清的作品在一定程度上与胡石言对历史的认识和想法相一致，是胡石言思想某种程度的实现。胡石言的行为也是借他人之酒杯，来浇自己的块垒。

1987年，黎汝清的《皖南事变》由上海文艺出版社出版，解放军文艺出版社也出版，胡石言为之作序。《皖南事变》的问世，在当时的文学界引起了一定的争议。

最突出的，是因为作品第一次大胆地写到了新四军高层的斗争以及皖南事变的失败问题，认为新四军失败的主要原因不在于外部，而是在于新四军内部，尤其是项英决策上的失误和叶挺与项英之间的矛盾。同时，作品改变了以往同类文学作品对人物单一化的写作方式，而是充分揭示了人物性格的复杂性，把他们还原为人，既写了他们的优秀过人之处，更展示了他们性格乃至人格上的缺点。在当时背景下，作品这么写，确实具有揭秘的意味，拓展了人们对历史真相的认知。

但它也引起了一些老新四军人的不满，他们认为《皖南事变》丑化了叶挺、项英等老首长，于是联名向有关部门告状。结果是黎汝清背着一大包材料到上海，与告状的老新四军代表们面对面，以大量扎实的资料说服了对方，才让他们放弃了告状，平息了风波。

胡石言也在积极地帮着黎汝清打笔墨官司。当时，著名文学批评家绿雪对《皖南事变》进行了非常尖锐的批评。其《轰动未必意味着成功——评〈皖南事变〉》一文，明确质疑作品的核心思想，就是皖南事变失败的责任问题,认为将责任主要归咎于项英、叶挺是不恰当的。① 对于革命历史题材作品,这一问题显然是非常重要,关涉作品的基本思想原则问题。对此,胡石言的态度非常明确,在大量论证之后,坚定地维护了作品的立场:"《皖南事变》突出的优点之一,正是它抓住了项英执行中央路线方针政策不力的这个内因。"②

对绿雪和胡石言两人的论争,当时的华中师范大学学生、后来的著名文化制作人王利芬在"读者来信"栏目发表的一篇短论中,也进行了评述。她站在文学的立场,质疑了二人的批评方法:"这种评论作品的方法如果是在 50 年代倒也见怪不怪。然而在文学批评繁荣的今天,仍有这些不从文学的认识和审美价值入手去研究作品的文章只能说明一种思维方式改变的艰难。"并认为批评事实上已经落后于创作:"当黎汝清以现代意识穿透历史的帷幕时,他显然超越了一般局限于'某某题材'的历史小说,从而指向一种更高的关于历史和人的哲学思考。而我们的评论者还在考证着项英是否'曲线救国'这类显然属于历史学家的问题,这难道不是评论界的悲哀?"③

对此,也许应该从两方面看。一方面,从更高更本质的方面说,或者说从理论上说,王利芬的批评虽然简短,却非常切中要害,也道出了胡石言思想认识上的某些局限。因为文学作品,在根本上当然不应该斤斤计较于历史本身,作家创作的个性,对历史的某些独立处理,是完全应当而且正常的。胡石言的思想关注

---

① 绿雪:《轰动未必意味着成功——评〈皖南事变〉》,《当代作家评论》1988 年第 6 期。
② 胡石言:《"三山计划"及其他——我看皖南事变》,《当代作家评论》1988 年第 12 期。
③ 王利芬:《是文学评论还是党史研究?——读绿雪、石言二位文章有感》,《当代作家评论》1989 年第 3 期。

重点还是在于历史的还原，缺乏对历史更深层的反思。或者说，他还没有超出历史本身的高度，从人的角度上来认识历史，认识战争。

但是，考虑到当时的具体时代背景下。在当时的环境中，如果不能对历史真实做出必要的辩护，就有可能使作品胎死腹中，甚至可能让写作者蒙受冤案。胡石言的辩护，既是对历史负责，也是对《皖南事变》和黎汝清负责，是一种责任感的体现。胡石言如此执著于从历史角度论证作品的真实性，多少也包含有现实中有形无形的无奈和压力因素。

对于历史，特别是对于党史、军史，具有非常强烈的探寻真相愿望。这既可以看做是一个对军队有挚爱之心的军人的使命，也可以看做是胡石言文学心灵苏醒的过程。因为真正深入历史，不只是能够了解历史真相，还能够进入人的灵魂世界。这一点，胡石言的认识是有道理的："政治大关系不仅具有很高的思想性、哲理性，不仅决定着战争的胜负、国家的命运，还决定着重要人物的生死沉浮、悲欢离合。更有意思的是，如果我们深入地开掘和感受了许多风云人物之间的复杂关系，我们可能对于'人'会有新的发现。"（《找米下锅》）

所以，在针对《皖南事变》的论争中，我还是很认可胡石言对于军事历史真相努力探寻的愿望和意义。这是一种对历史负责的态度，也是对文学负责的态度。毕竟，如果脱离了历史真实去谈所谓的纯粹"文学性"，只能是如沙上建阁，不可能持久而坚固。而真正揭示了历史真相，也就能够真正认识和剖析历史中的人，特别是人的灵魂世界，也就自然体现了文学的本质——对人性的揭示、关怀和表现。

事实上，在对《皖南事变》的认识中，胡石言也有很清醒的对文学性的充分认识，只是还不够全面而已。如他对作品在人物塑造上的成就给予了高度评价,并作了深入分析:"主要人物的两极化,敌我、反正人物之极恶极善、全对全错,这是我国军事文学的老习惯、老格套。长篇小说有充足的篇幅可以从整体上把生活的复杂性、渗合性真实地表现出来,却依然较普遍地存在着人物两极化的现象,不能不说是一种幼稚的状态。"(《皖南事变·序》)将这一思想与胡石言同一时期表达的对现代主义文学中人的认识结合起来,可以看出他对文学人物塑造的理解是有一定深度的:"人道主义者对于人做出了第一次发现,发现了人的真善美、人的光明伟大。现代主义者对于人做出了第二次发现,发现了人的假丑恶、人的黑暗渺小。"(《找米下锅》)

伟大的俄国文学家托尔斯泰曾经说过:"对于史学家,就人物为某一目的所起的促进作用而言,是有英雄的。对于艺术家,就人物符合于生活的一切方面来说,不可能也不应该有英雄,应该有的是人。"[1] 胡石言对英雄人物的认识当然没有达到如此的高度,他对如何文学化地表现历史也还缺乏充分的实践,甚至说,他的立足于人的文学观主要还停留在理论层面,究竟是否能进入创作层面,以及创作层面能否成功,都还难以定论,但在1980年代文学环境中,能够从人的角度来理解战争,致力于对人的关注和塑造,已经是时代比较有创造性的声音了。这也构成了胡石言晚年思想的亮点之一。

对于几乎整个成年时代都生活在军队里的胡石言来说,能够对历史、对战争有如此深切的思考,是对自己生活最有价值的回报,也是对整个军事文学一种值得重视的贡献。

---

[1] 托尔斯泰:《就〈战争与和平〉一书说几句话》,《托尔斯泰文集》第14卷,人民文学出版社2013年版,第17页。

第六章　有遗憾的辉煌：晚年代表作

1　《秋雪湖之恋》

《秋雪湖之恋》创作于1983年8月，发表在《人民文学》1983年第10期上，《小说选刊》1983年第12期转载，《新华文摘》1983年第12期全文转载，获得1983年全国优秀短篇小说奖。1987年，上海电视台将小说改编拍摄成电视连续剧，由张爱萍将军题写片名，著名影星吴若甫饰演男主角安晓宁。

这是胡石言"文革"后的代表作品之一，也是他除了《柳堡的故事》之外最有影响力的作品。由于其故事情节模式与《柳堡的故事》略有相似，因此也有人把它当做是前者的姊妹篇。时过境迁，在三十多年后来看这部作品，还是有值得探讨之处的。

秋雪湖前身叫"红旗农场"，因为胡石言小说《秋雪湖之恋》而得名，成为当地的一个风景胜地。秋雪湖处于江苏省里下河地区，三泰（泰州、泰兴、泰县）境内，南连苏陈庄，北邻李中镇，东接溱湖，西靠凤城河，距离泰州城区就几公里远。当年是一片荒无人烟的沼泽地，1976年初改做红旗农场。

后来，上海电视台拍摄电视剧《秋雪湖之恋》时，剧组通过航拍选定"芦荻野鸭、水天一色"的徐马荒为拍摄景地。将自然之美和人情之美做了很好的融合与演绎。

　　作品的故事情节并不复杂。它讲述的是"文革"期间，秋雪湖边一个军队农场饲养班发生的故事。因为生活困难，附近陈庄大队的老百姓经常有人来"偷"稻草，有一天，班长严樟明和战士们抓到了瘦弱的小姑娘芦花。大家知道小姑娘家境贫寒，出于同情，就不时给她家送些柴草。突然有一天，芦花跑到饲养班来求救，原来是陈庄大队通过造反起家的领导想强娶芦花，并把她关押起来，她好不容易才逃了出来。战士们通过询问芦花，知道她哥哥是"五一六分子"，她是"反革命家属"，经过犹豫和讨论，大家最后决定救助芦花，把她收留了下来。又经过了解，知道芦花哥哥的"反革命"身份纯属被诬陷。这期间，战士们还想方设法帮助了生重病的芦花母亲，而严樟明也深深地爱上了芦花。此时，芦花哥哥的身体被严重摧残，生命垂危，而大家也知道了这个所谓的哥哥其实是芦花的未婚夫。严樟明虽然为爱而失落，也知道自己的前途会因为此事而受到严重影响，但他依然冒着危险将芦花他们偷送出去。果然，严樟明不得不提前转业到地方。十二年后，饲养班的战友们收到了严樟明的来信，在表达对战友们深情怀念的同时，还提出一个特殊的要求，就是希望大家给他采集新鲜的芦花，为他做一个芦花枕头……

　　显然，《秋雪湖之恋》是要表达两个主题。其一是对"文革"时代的批判和否定。故事的大背景是比较沉重的，芦花一家的遭难，陈庄大队的恶人当道，严班长为救人而无奈转业，都显示出时代环境的沉重和压抑。这是作品的背景主题。其二是对苦难中凸显的英雄气质和品格的歌颂。这是作品更明显也更着力表现的主题。以严班长为代表的饲养班，他们扶弱救难，代表了时代中的正直力量。

163

其代表人物是严樟明。他虽然只是一名普通的班长，却表现出了非常高尚的精神品格。首先是他强烈的正义感和同情心，为了救助芦花和她未婚夫，冒着很大的风险，甚至不顾自己的政治前途，但他却丝毫没有犹豫。其次是他的自我牺牲精神。一开始，他的救助还带有一定的个人感情因素，就是对芦花的爱。但在知道芦花有未婚夫的情况后，他也依然没有退却，仍旧冒着风险予以救助。这时候，他已经完全没有私心，只有真正的人道主义和自我牺牲精神。在这一形象上，显然寄托着作者对革命军人的热烈赞颂和对美好情感的肯定。

苦难的展示和正义品格的彰显，二者既对立，却又互相显现。或者说，前者是后者的基础，也是后者的铺垫。正是因为坏人当道，好人受难，才让严班长的牺牲精神得以充分展现。所以，作品虽然有两层主题，但毫无疑问，歌颂才是第一位的，是作品最重要的主题。事实上，即使是从作品的篇幅上来说，书写严樟明他们高尚行为的内容也占据了绝对中心，坏人当道的情节基本上处于暗线当中，没有正面的直接描述。作品的结尾也是如此。虽然作品没有直接给芦花和严樟明两位主人公以有情人终成眷属的美好结局，但是在严樟明十二年后的来信中，又再次巧妙地传达了他对芦花始终不渝的爱情。这种爱情既是对严樟明品格的再次写照，同时也赋予了作品充分的亮色，冲淡了之前的压抑气氛。

这也是时代潮流的体现。在作品创作的 1983 年，正值伤痕、反思文学方兴未艾之际，苦难书写是时代潮流。张贤亮的《灵与肉》《绿化树》，从维熙的《远去的白帆》《雪落黄河静无声》，刘绍棠的《瓜棚柳巷》等，都是类似的作品。皆是历经劫难之后的历史回顾，也都有一定的传奇和抒情色彩，展示了苦难历史，以及苦难背后的人情和思想主题。思想上，也同样在批判中有维护，在否定中有肯定，它所批判的是具体时代中的某些具体人，对大的时代没有否定，甚至保持着对大时代背景的基本肯定和充满希望的态度。

在主题表现上也是如此。它们虽然表面写的是"文革"中的苦难故事，但意图却是在于歌颂，歌颂苦难中的磨炼和所凸显出来的革命战士情怀和精神，苦难不过是为了彰显奉献和歌颂主题的手段和工具。如《灵与肉》《瓜棚柳巷》彰显纯朴的乡情，《雪落黄河静无声》《绿化树》彰显逆境中的爱和友情。在这些作品中，苦难同样为歌颂所弱化、遮蔽，甚至被美化。最典型的是《灵与肉》，作品中主人公经受的苦难、改造经历，被解读成了他成长的重要过程，既让他感受到了纯朴真挚的底层人的关怀之情，还让他得到了相互依存的爱情。所以，这一过程不是让他感到痛恨，反而让他心存感激。对于作家们这种美化苦难的行为，已经有学者王晓明教授在《所罗门的瓶子》一书中进行过细致的剖析和严厉的批评。虽然《秋雪湖之恋》对苦难还没有到美化和歌颂的程度，但是苦难的弱化和被遮蔽却是明显的，以苦难彰显情怀和精神的意图也完全一致。

这一点显示出，对于1983年的胡石言来说，他还没有真正超越之前的自己，或者说还处于对自我的觉醒和寻找过程当中，他还站在时代潮流的同一个层面上，没有充分表现出对自己的超越和独特个性。

艺术方面，《秋雪湖之恋》也与胡石言早期代表作《柳堡的故事》保持着一定的关联性。

最突出的是故事性。作品的篇幅不长，但并不乏曲折和波澜，故事的发展一波三折，颇有悬念色彩。小说故事大体经历了这样几个转折。一个转折是：抓芦花，却发现她是女性，而且非常值得同情；第二个转折是：芦花求助，触怒地方恶势力，而严樟明又爱上了芦花；第三个转折是：芦花母亲去世，准备救助芦花哥哥，却发现他原来是芦花的未婚夫；第四个转折是：救还是不救，能不能救出去的犹豫和考量；最后一个转折是故事的结尾，几个当事人最后的结局。故事包含着好几个叙事扣子，吸引着人们的期待心理，让人难以舍弃。

故事的基本框架也相似，都是从爱开始，然后出现阻力，最后是对阻力的克服，虽然《柳堡的故事》最终是以大团圆的喜剧形式克服阻力，《秋雪湖之恋》则是依靠主人公的意志克服阻力，但基本的故事构架是相似的。这样的故事框架和艺术特色显然是胡石言自觉追求的，也是他小说创作的特长："我熟悉而且爱好中国古代小说，我想用一个有头有尾、有起有伏、有民族风格的故事来表现他们……没有故事的小说，我不想写。"也许这样的传奇性不完全具有生活化的特色，却是故事类小说的重要魅力之所在。以至于有评论家以"一张一弛，推波助澜"为题，对小说的结构进行充分肯定。[①]

第二个特点是抒情美。其中包括优美的风景描写，月光下的秋雪湖特别美丽。而作品又特别运用了诗化的抒情性语言和细致的景物描写，使整部作品掩映在风景秀丽的氛围当中，富有抒情美感。作品中的许多意象，比如水的意象，芦苇的意象，都有苏中地方特征，与《柳堡的故事》相似，只是在艺术表现上更为细致和成熟。这是作品对秋雪湖的几处描述：

> 几十年前这秋雪湖到处是芦苇，年年这时候，芦花白了，风一吹，飘飘地就像下雪，所以叫秋雪湖。
>
> 北窗外，秋雪湖的面貌大变了。十二年前显得空旷的湖面上，现在整片整片地铺着白茸茸的芦花。今天西风五级，风六

---

① 文君：《一张一弛，推波助澜——浅析〈秋雪湖之恋〉的情节安排》，《岭南师范学报》（哲学社会科学版）1984 年第 2 期。

到七级,正是看秋雪的好时光。阵风起处,芦花旋舞,蓝天之下,碧水之上,无数朵秋雪在秋阳下闪着白光,无声地、浩瀚地向东飘去。

芦花虽然渺小,可是顽强。它们的生命力是摧折不了。它们会蓬勃地长起来,远远地飞出去……(《秋雪湖之恋》)

除了自然风景,作品还有非常细腻的心理描写,特别是严樟明复杂的心理世界,他在爱情边缘的徘徊和矛盾,放置在秋雪湖的优美环境中,既有画面的美感,又具有内心和外在的双重层次,艺术效果很独特。包括作品在叙述方式上选择第一人称,以"曾经在秋雪湖一带打过游击,长期在后勤医疗系统工作,动乱时被下放到饲养班劳动的老何这个人物的第一人称来进行叙事,并以其阅历丰富者的谨慎而又超然的眼光,对非正常年代中年轻官兵生活的静观默察和所见所闻,切入与描写了一段颇为曲折动人而又令人义愤难平的历史与故事"。[①] 将旁观者的冷静和当局者的挚切融合在一起,具备了特别的艺术感染力。

此外,作品还善于安排象征性的道具,如"黑猫"。特别是作品结尾,虽然与前面关联不是太紧密,但却在出人意料之余又给人以回味之感。书信中的"芦花枕头",既可解读为严樟明对芦花的一往情深,也可解读为对秋雪湖生涯与对战友们的怀念。

事实上,从作品主题看,二者也存在相延续的关系。它们的基本思想都是对战士忠诚与奉献的歌颂,故事内核都是战士与农民之间(所谓"军民鱼水情")的情感纠葛,也都涉及与外在环境之间的冲突。当然,就总的艺术水平来说,《秋雪湖之恋》显然要更高

[①] 汪守德:《勾勒出冷艳凄美而又热烈浓重的生活底色——重读胡石言的短篇小说〈秋雪湖之恋〉》,《神剑》2016年第5期。

一些,毕竟,创作《柳堡的故事》时候的胡石言还是一个二十岁出头的小伙子,在创作上也是初出茅庐,而创作《秋雪湖之恋》时的胡石言已经是一个经历了许多人生风雨的老作家了。对胡石言来说,《秋雪湖之恋》确实是他一个新的高峰。

但是,就小说影响力而言,《秋雪湖之恋》远不如《柳堡的故事》。这一方面当然是时代差异。就文学创作整体水准来说,1980年代远非"十七年"能够相比,放在时代文学整体中,《秋雪湖之恋》的创新性并非那么突出,而是带有许多两个时代转换的痕迹。另一方面,也因为《柳堡的故事》所触碰的是一个当时的禁区题材,也是作者真实人性的萌发,在时代文学中很有特别价值,容易产生社会效应。这是《秋雪湖之恋》所不具备的。所以,《秋雪湖之恋》问世之后,虽然得到文学界的较多好评,并获得全国性大奖,但社会影响力并不算很大。

从文学价值上,特别是放在它所诞生的时代环境中看,《秋雪湖之恋》的思想和艺术性都很难说突出。

在艺术上,虽然故事情节貌似曲折,但实质上还是老套,坏人当权,好人受难,然后彰显救人者的高尚品质。而且,人物塑造基本上停留在性格表面上,形象只是品格的化身,没有更丰富的多面性体现。特别是主人公严樟明在知道芦花哥哥实际上是其未婚夫的时候,没有将其复杂的内心冲突展现出来,故事发展比较突兀,形象也显得生硬。至于芦花形象更是一个符号而已,完全没有展现出独立的个性和形象特征。

思想的缺陷自然会影响到作品的艺术表现。胡石言曾经表达过对《秋雪湖之恋》结尾处的不满,并归咎于自己的生活积累不够:"尤其是结尾,严班长走了以后该怎么办?回来又别扭,不回来则形象没法完成,我力不从心,在试着改变电影剧本时更觉脑空笔拙,恨不得重新再去生活。"(《在挚爱的大地上飞翔——〈秋雪湖之恋〉创作体会》）但其实，胡石言对作品结尾的缺陷有所认识，但这一缺陷产生的原因却并没有真正意识到，或者是意识到了而不敢表达出来。在根本上，这并不是由于作者生活匮乏的问题，而是政治理念的限制。作品的主题已经事先确定为在歌颂与批判之间的和谐上，甚至说最终的主题明确是歌颂，自然是不可能进入到问题的深层，进而给人物和故事寻找到一个最合适的结尾，按照生活的逻辑，显然只能是悲剧，而悲剧又必然与作品原定的主题直接冲突。如此之下，作品的深刻度大受影响，艺术上的局限也在所难免了。

这一点与当初《柳堡的故事》人物形象的缺陷原因一脉相承。电影《柳堡的故事》中二妹子形象更为丰满、成功，对比小说中形象的单薄，在一定程度上是因为小说主题还是集中在集体和军民情主题上，表现的生活面也比较狭窄。《秋雪湖之恋》中芦花形象太过薄弱，也是因为作品太追求政治主题，芦花形象与此主题关系不是那么密切，因此就没有得到重视。

所以，在基本精神和具体艺术上，《秋雪湖之恋》身上都有着太浓郁的"十七年"思想和美学风貌的留存，把它放在"十七年"文章中足可乱真。它显示出此时期的胡石言还没有真正走出"十七年"文学，而是处在对这一时期的追忆和回顾中。这并非是对作品和作者的苛评，事实上，经历了漫长的十年"文革"，要恢复到"十七年"本身就是一个必然的阶段，也需要一个过程。而是否能够超越"十七年"则又是一个过程，更是一种检验。相比于回归到"十七年"，要超越"十七年"难度显然要大很多。无数的作家能够轻而易举地恢复到"十七年"的水准，但是永远都无法再超越自己，更无法突破"十七年"的限制与束缚。

所以，胡石言的《秋雪湖之恋》虽然有明显的局限，却是胡石言"文革"后自我发展和更新过程中的必需阶段。或者说，正如

"文革"后政治和文化复兴的一个重要的阶段是"拨乱反正"一样，要真正超越之前，首先还必须回到出发之前，然后才有可能超越。这是当时政治和文学的集体状况，也是时代的共同精神特征。事实上，这部作品在当年获得了全国优秀短篇小说奖，也显示了它非常契合于时代的文学标准，无论思想还是审美，都属于同时代中比较主流和成功的。

所以，要判断"文革"后胡石言究竟是否走出了自我，是否寻找到了自己，《秋雪湖之恋》还是一个最初的阶段，他还需要更多的时间，需要协调好自己的步履，才能更从容地做出下一步的发展。

Ⅱ 《魂归何处》

创作于1985年的《魂归何处》应该是胡石言"文革"后水平最高的作品，也是他真正具有自我突破色彩的作品。

这首先体现在作品的思想上。作为一个有着较深文学素养的作家，胡石言知道人物对于文学的重要性。而且，他的小说观念受中国传统文学影响较深，对人物形象塑造自然非常重视。他早期的作品《柳堡的故事》，就对两位主人公的塑造下了不小的功夫。但是，客观说，作为胡石言的早期作品，《柳堡的故事》的人物虽然用力，但特征还不是很突出。比如李进，虽然人物心理的矛盾得到了一定展示，但形象本质上还是很扁平，没有进入真正独立的自我精神世界。至于二妹子形象则更是单薄，基本上没有展现出完整的性格和清晰的形象气质。

"文革"后，胡石言文学观念有较大的变化和发展，其最突出的体现，也在人物形象的塑造上。新时期中，伴随着思想观念的解放，胡石言多次表达过对文学人物形象新的认识，在强调文学与人重要关系的同时,也展示了他对人物形象塑造的新见解。这一点,在他为黎汝清《皖南事变》所做的序言中有清晰的体现。文章中,他这样评价《皖南事变》的人物塑造:

"写出来的人物既非超人又非原我,既非类型又非畸形,而是'这一个'。尤其是项英,许许多多人可以从他身上看到自己这样那样的优点、缺点。但从总体上说,他却是绝不重样、空前绝后的'这一个'。唯其如此,这形象的普遍性和特殊性、宏观与微观结合得更好,这形象的启示作用就更大。"(《〈皖南事变〉序》)

这样的人物形象显然也是胡石言的自我期待。在创作实践中,他也表现出如此的努力。最典型体现胡石言这一思想的作品,就是《魂归何处》。尽管《魂归何处》的社会反响不是很大,但事实上,确实是代表胡石言这时期创作最高成就的作品,也是同时期军事题材中值得关注的作品。甚至说,从中国当代军事文学历史角度看,这部作品具有一定的开拓性价值,尤其是作品的主人公唐正雄,更是一个很有创新性和探索性的人物形象。

作品的故事情节并不复杂,写的是抗日战争结束不久、国共正式内战的前夕,国民党与新四军在江苏南通一带常有摩擦。在一次战斗中,一位上海籍的国民党上校军官唐正雄兵败被我军俘虏,不甘之下他夺马逃跑,被击成重伤。唐是曾经的抗战勇将,在与新四军的作战中也能保持良好的人性品格,有骑士精神。其在上海的未婚妻谢春红不知情况写信给他,被新四军宣传股长拆开,知道谢是一个有爱心、反内战的女性。于是先是告知其消息,后又邀请她来医院看护唐正雄。在住院期间,唐了解了新四军的正义性,谢春红更受到我军氛围感染,决定留在解放区。唐正雄犹豫再三,还是决定与谢春红分手,并离开新四军驻地,但究竟何处是归程,却是一片迷茫。

作品的基本主题非常明确,就是歌颂共产党的正义性,对国民党挑动内战、非人性的行为进行揭露和批判。但是，在一些具体内容上，作品还是表现出了思想上的不小突破。

其中最突出之处，就是对国民党军官唐正雄的塑造。在作品中，唐正雄虽然是国民党军官，但不是典型的负面形象，相反，作者的叙述态度基本上是正面和积极的。他有辉煌的抗战历史，人品端正有原则，与国民党整体上的自私伪善、还乡团的狡诈凶残构成了明显对比；在个人生活上，他尊重女性，很有骑士精神，颇具正义感，为人处世也很有原则，让人敬重。他有自己的信仰，并不轻易改变自己，低下自己的头颅。为此，作品也特别赋予了他伟岸的外表和气质：他仪表堂堂，声音洪亮，气宇轩昂，以"雄狮"自况。包括其名字都很有正义气概。与作品中的反面人物如还乡团员等形成显著对比。在一直习惯于将人物塑造典型化、外貌与形象保持密切关系的中国文学传统中，作者赋予这个人物身上积极正面的因素是毫无疑问的。

特别是作品的结局。小说没有安排让唐正雄在革命教育下选择弃暗投明，而是让他离开新四军部队，奔赴他方。虽然最后是以徘徊和迷茫为结局，彰显"魂归何处"的主题，但是，人物的主体性特征却因此而得到了很好的提升。他不是政策的工具，不是简单的被感召对象，而是始终在徘徊和矛盾中。这种矛盾和徘徊来源于他的个性和独立性，也是人物形象的真正价值。对于人物的态度，作者不是简单否定，甚至表达了很强的敬意。尽管作品的标题定为"魂归何处"，作品结尾也让他在一种凄冷苍茫的环境中离开，预示其无路可走的结局，表达对他的某些惋惜和遗憾。但是，作者能够有尊敬的态度已经非常难得了。显示出了文学作品超越简单党派之争后的深沉哲思与人性关怀。

"唐正雄这个活生生的国民党军官的典型，区别于过去我们见惯的许多作品将国民党军官一律写成青面獠牙的魔影，也区别于近年来又有的作品把敌军军官写得颇有劳动者的人性光辉。"① 评论家方全林的概括是非常有道理的。唐正雄这一形象，超越了简单的好人/坏人之分，虽然还没有完整地揭示其心灵世界，但已经不同于以往同类文学作品中比较普遍地局限于政治层面的塑造，深入到了其作为"人"的层面。在当时背景下，这样的形象塑造是需要冒一定风险，也是非常难得的。特别是在考虑到胡石言的部队作家身份情况下更是如此。

结合当时的文学现状和从军事文学发展的角度看，《魂归何处》的人物塑造也很值得关注。比《魂归何处》稍早的前几年，正是对越自卫还击战进行时，著名军旅作家徐怀中创作了《西线轶事》作品，其最引人注目之处就是所塑造的刘毛妹形象。徐怀中在谈论这个人物时，特别表示自己是从"人"的角度来进行塑造，并提出了"军人是人"的观点。这是军事文学界第一次正面提倡对军人形象的人性化书写，也得到了评论界和读者的广泛肯定。在《西线轶事》的影响下，同类题材中，稍后出现了李存葆《高山下的花环》《雷场上的相思树》等作品，并因塑造出了梁三喜等具有一定个性色彩的形象而受到好评。相比之下，胡石言《魂归何处》尽管不是现实题材，但在军人形象的塑造方面也很值得肯定。只是因为文学潮流的变化和关注点的转移，当时的文学批评和后来的文学史都没有对这部作品给予充分的重视。

此外，在思想内容上，《魂归何处》也有一定的突破。比如作品对国民党军人的抗战功绩给予了明确指出和肯定。长期以来，由于多方面原因限制，文学界对国民党的正面抗战历史一直很少进行宣传，或者是讳莫如深，或者是予以否定，但《魂归何处》明确指

---

① 方全林：《论石言的小说》，收入《胡石言研究资料》，沈杏培主编，人民文学出版社2016年版，第165—166页。

出作为国民党军官的唐正雄有着很英勇的抗战历史，在一定程度上揭示了历史真相。这当然与当时政治环境开始开放，一些资料得到接近，历史真实逐渐揭露有一定关系，但从文学角度看，还是有一定突破意义的。

在主题上，作品也表现出某些人性立场，反映出对战争本身的反思和批判。几十年来，我们一直习惯以胜负或者说正义与非正义的角度来理解战争，缺乏足够的生命尊重意识，也缺乏对战争反人性本质的揭示和思考。虽然《魂归何处》还没有完整系统地展示否定战争本质的思想，甚至还没有脱离从政治角度理解战争的思想窠臼，但在一些具体层面上，确实表现了从人的角度来理解和认识战争的趋向。比如作品就借人物之一谢春红之口说："你们太政治了！"其书信中，也表达了普通老百姓对战争的厌恶和拒绝。虽然不能说很明确，但隐约之间透露出来对战争的否定，以及以人性观照战争的思想。

《魂归何处》的写作时间是1984年，这时期距离"反精神污染"时间并不长。而在这之前不久，张笑天的《离离原上草》就因为写类似的题材，塑造国民党军官形象，表达对战争的人性化反思，受到比较严厉的批评。所以，当胡石言写作《魂归何处》时，他熟悉的朋友都为他捏了一把汗，担心作品的主题太过敏感，会引起不必要的麻烦和批评。但胡石言还是很镇定和自信，按照自己的设计完成了作品。

另外，《魂归何处》的艺术表现也有突破。胡石言之前的作品基本上是"故事加抒情"类型，如《柳堡的故事》《秋雪湖之恋》都是这种，艺术表现也基本上是传统的现实主义手法，心理描写、景物描写是其最突出的艺术个性。相比之下，《魂归何处》有了较大的创新。虽然它还是注重故事性，但是在叙述方法上却有很大变化。最显著的是它采用日记体和书信体相结合的方式，将现代小说的艺术手法融入其中。对于胡石言来说，这显然是一个不小的突破，如其所言：

> 我在小说中用日记体，是因为日记的真实感和个性化比较强。《魂归何处》开始未用日记体，只是用了唐正雄书信体。书信体也有日记体类似的效果，可以用主人公特定的语言和笔调来抒发他的情怀、剖析他的思想。第三人称的描写常达不到这种真实感和彻底性。唐正雄用了书信体，陈曦却用第三人称，显得旗鼓不相当，所以后来陈曦用了日记体。这样，就不仅更显得真实，而且大大地加强了思辨的性质。《魂归何处》的思辨性强，用书信体和日记体，达到了可以充分发表自己的议论的目的。（胡石言与康健的通信）

从胡石言创作历史来看，《魂归何处》的艺术变革是一个标志。在此作品之后，胡石言小说的艺术表现有很大的变化。如《大爆炸》《年年七夕》《将军的日记》等作品中，都突破了胡石言所习惯的现实主义创作手法，较广泛地运用了意识流、时空交错等现代主义手法。

胡石言之能够如此，是他向青年作家学习，以及文学观念创新的结果。据胡石言的自述，他最初的小说构思并不是最后呈现的这样。1984年3月，胡石言到北京领奖，此时他已经完成了《魂归何处》的初稿，但对作品始终还是不太满意。第二天，与几位部队作家座谈会上，青年作家大谈文学表现手法和文学语言，与以往大家所谈论的主题、人物、思想倾向等完全不一样了。胡石言深有触动，一边听一边就想起自己正写着的《魂归何处》。这次会议直接引发了胡石言对作品的修改，并导致了作品叙述方式的较大改变。

"我的初稿用的是三方的书信加上倒叙回忆的手法。信本身是1946年的，回忆倒叙则一会儿在80年代，一会儿回到40年代，时空及形式过于跳动，比较拉杂，回忆的语言和书信的语言亦难和谐，形成不了统一的风格。"最后，经过冥思苦想，终于想到了用书信加日记的手法，"把初稿改写了一通，用日记代替了回忆倒叙。日记可长可短，节省了篇幅，书信插入其中比较和谐。……讲究表现手法，为特定的内容找到特定的表现形式，力求和谐，力求新颖。这又是我的青年老师们给我的启发"。

对于胡石言这样一个早就成名的军队老作家来说，能够如此虚心，以开放的心态对待新的文学观念和表现方法，确实是很值得敬佩，也说明他的思想丝毫没有僵化，而是随着时代的发展而重新恢复生命力。

胡石言的这种艺术探索和虚心接受精神应该以丰富的内心自觉为基础，它也可以看作胡石言早期接受的艺术形式美教育的复苏。在他少年时代的文学阅读中，形式美是普遍的重要特色。他最早开始文学创作，就具有很强的形式探索意味。虽然后来在环境的要求下，他改变了创作方法去适应现实，但这种影响还是深扎在他的内心中，一旦遇到合适的机会就会苏醒。《魂归何处》可以说是这种苏醒的开始。

虽然《魂归何处》是胡石言晚年最着力创作的作品，也确实达到了一定的高度，但是，它的缺陷也是明显的。

最重要的是在思想层面。虽然作品塑造的唐正雄形象，与以前的类似形象有较大突破，克服了将人物简单化、漫画化的缺陷，而是试图揭示人物性格和品质上的复杂性，而且在客观上也揭示了战争的某些非人性内涵，超出了将战争停留在正义非正义的思想前提，给人以耳目一新之感，也基本上站在了时代前沿，但是却始终处于"犹抱琵琶半遮面"的状态中，许多思想没有得到充分的展开，其最终结论更是归结到主人公对前途的迷茫，也就是简单的"彷徨"主题上，表达对他脱离旧时代、回归新队伍的呼唤思想，显然是不够彻底和让人感到不满足的。

思想的局限直接影响到艺术的表达。作品的一些情节安排明显有迎合主题的倾向，比如谢春红，就是被安排来做唐正雄对照物的，她由最初对共产党的误解和反感，到最后的放弃爱人、成为共产党员，步骤之快，显然有人为化的痕迹，也完全没有触及人物深层内心。包括唐正雄误会的解除过程，情节安排也颇落俗套。特别是唐正雄形象，前半部分没有说话时塑造得很真切，一旦让他开口说话就反而显得浅薄和简单了。

所以，正如有批评家对作品主题如此概括："那些不顺应历史发展潮流的人，只能陷入'魂归何处'的彷徨境地。"[1] 作品在一定程度上传达出了对战争人性角度的思想突破和反思历史本质的倾向，但是距离真正清晰明确地传达出来，还有相当大的距离。

虽然考虑到胡石言的创作历程，特别是他的性格特点，《魂归何处》的这些缺陷都是可以理解的，甚至可以说，胡石言能够走到这一步已经非常不容易了。

但也因为这些缺陷，《魂归何处》问世后，并没有产生胡石言所期待的较大反响。在《魂归何处》创作问世的20世纪80年代中后期，正是思想观念大解放、大发展的时代，一种思想还没有立住脚，另一种思想就马上超过去了，只有真正深刻而独特的思想才能够引起人们的兴趣，让人驻足关注。客观说，相较于之前的同题材作品，《魂归何处》是超前的，但它还没有真正独立而稳定地站立下来，后来的许多类似作品，特别是更年轻作家如朱苏进、乔良、莫言等人的创作，无论在人性的书写，还是在对历史的反思上，都

---

[1] 曾华鹏：《论石言的小说》，《钟山》1985年第6期。

比《魂归何处》走得更远，观念也更为明确。从文学史角度看，《魂归何处》只能是湮没于历史尘埃中，难以绽放出夺目的光华。

对胡石言来说，这一结局显然是让他失望的。毕竟，这是他晚年最精心撰写的作品之一。可以说，《魂归何处》既是他最后的光荣，也显示了他的局限，以及他所有的限度。

第七章　回归历史：创作总论及批评研究

I 历史中的审视

1994年春，胡石言被发现出现语言障碍，走路也不稳。后来根据医学资料，可以确定这就是通常所说的"渐冻症"早期症状。也就是，肌萎缩侧索硬化症，也叫运动神经元病。但当时的医疗条件有限，医院一直查不出病因，更找不到治疗方法。胡石言的病情发展很快，一段时间后，就已经完全不能行走，还出现了说话不清、无法写字等症状。之后更是完全失去生活能力，基本上成了植物人。在南京军区医院治疗八年，其夫人余金芬进行了细致而周到的护理，但疾病仍然夺取了他的生命。

2002年5月22日，胡石言在南京去世，享年七十八岁。

在胡石言去世前一年，由其夫人余金芬和女儿胡月共同参与编辑的三卷本《石言文集》，于2001年由解放军文艺出版社出版，基本上收录了胡石言的主要作品和文论。第一卷收录其文论和散文，第二卷收录其小说和剧本，第三卷收录其报告文学。文集由军旅作家徐怀中和评论家陈辽分别作序。

盖棺论定，简要概括胡石言的文学成就。虽然他不能算是当代文学成就很突出的作家,但还是有自己的贡献和成就。或者从思想角度说,胡石言的作品很难说具有突出的高度,其早期作品基本上局限在时代政治范围之内,缺乏大的突破;其晚年的部分作品(如《魂归何处》《大爆炸》等)确实已经表现出强烈的自我突破趋向,只是它们在艺术表现上还不够成熟,并且,因为身体等方面的原因,胡石言晚年从事小说创作的时间并不长。但是,从艺术角度说,胡石言的创作还是有比较突出的价值,甚至在某些方面还具有更广泛的启迪意义。

胡石言小说特色之一是"美",如小说对人物外表美和生活中美的事物的特别关注。《柳堡的故事》《秋雪湖之恋》中的自然之美、人物外表美和心灵之美,前面已经做过论述,不再赘述。即使是在1950年代比较政治化的环境中,他的《翠莲》等作品也着力于展示美及其毁灭,以之来表达对侵略者的控诉。

另外,在艺术上,他的抒情化艺术风格是典型表现。从艺术气质来说,胡石言是适合抒情类文学的。他生性敏感善良,思想单纯,也很重感情。生活最深刻触动他文学激情的,首先是情感,其次才是理智。他也很自然会在文学创作中以抒情的方式来表达感情。审视胡石言的小说,几乎绝大多数都会有抒情色彩在内。

应该说,如此的视角,如此的艺术方式,主要来源于胡石言的艺术天性和性格气质。从小就养成的爱美生活习惯,对美和善的敏感,以及对丑恶的厌恶,都是其基本成因。抒情艺术与这种心理和艺术视角有内在的契合,也是其小说艺术中抒情因素鲜明的自然结果。而这两个特点,使胡石言作品在一定程度上具有孙犁小说的风格特点。

但是,从整体上看,抒情艺术没有在胡石言的创作中充分发挥出来,也就是说,胡石言没有在小说创作中充分展示他的艺术个性和艺术特长。在许多作品中,抒情性因素被过强的理念色彩所遮蔽和削弱。这典型体现在他的后期作品中，失去了灵动风格和抒情色彩，某些地方甚至显得生硬枯涩。胡石言自己也有过总结，多年的政治官员生活窒息了他的情感表现能力，这是有道理的。

这一方面的原因在于其原有抒情风格存在缺陷，导致其无法做出很好的转型。一直到《秋雪湖之恋》阶段，胡石言创作都以抒情风格而引人注目，但是，与前面谈到的故事性因素一样，在胡石言不少作品中，这种抒情并没有得到真正自由而独立的表现，也就是说，其抒情中包含太强的政治理念色彩，没有深入到人物精神个性当中。如为批评家所诟病的《秋雪湖之恋》，主人公太过完美，具体复杂的心理活动却没有充分展现，因此，其抒情就没有完全落到实处，让人觉得空泛而不真实。

这种抒情的缺陷不是在于胡石言个人，而是从"十七年"开始，在"文革"中发展到极端的文学艺术的集体弊端。或者说，它是典型的政治化美学的集中体现。它的形式是美的、抒情化的，但内容却是政治的，是强烈限制化的。因此，这种美与内容在本质上是严重割裂，甚至是完全对立的。因为美的本质是自由，而政治的限制对自由是完全的戕害。这样的抒情就必然是缺乏真诚，也缺乏内在统一性的，它只能建立在虚假的前提上，内在精神是服从和规训。作为这种抒情风格代表的是杨朔的散文、贺敬之的诗歌，以及浩然的《金光大道》和张永枚的《西沙之战》。胡石言的抒情不是政治化抒情的典型，但是受到其影响，或者说具有其基本特征则是毫无疑问的。

在1980年代前期，处在过渡时期的文化环境中，这种抒情风格还有一定的市场，但是进入到20世纪80年代中期以后，这种政治化抒情已经受到文学界和读者的普遍反感，"杨朔模式"的提出就意味着这种抒情风格面纱被人们认识和揭下。在这种背景下，曾经的抒情风格难以为继，必须进行转换或弃置。胡石言在《秋雪湖之恋》之后基本放弃了抒情风格，应该是时代环境审美期待转换的结果。《秋雪湖之恋》算是最后的绝唱，之后就基本上没有类似的艺术特征再现了。对于胡石言来说，这并不一定是坏事，甚至说它寓含着新的转换的契机。事实上，《魂归何处》就基本上祛除了原有的政治化抒情模式，呈现出了新的气象。

另一方面的原因则与胡石言自己的人生历练和对生活的认识有关。可以说，从20世纪50年代修改《柳堡的故事》开始，长期，特别是"文革"复杂的政治环境让胡石言变得成熟，使他不可能再以那种单纯的、善和美的眼光来看待生活和表现生活。这当然并非坏事，却也逐渐让他失去了早期的单纯，也让他失去了最擅长的抒情艺术。

这一点，不只是体现在胡石言个人身上，与他艺术风格颇为相似，或者说是比胡石言成就更大的作家——孙犁身上，也有几乎完全一样的体现。早期的孙犁，特别是新中国成立前的孙犁，是解放区文学中抒情艺术的杰出代表，其"荷花淀"小说拉开了抒情战争小说的大幕，包括"十七年"时期的《铁木前传》《风云初记》也基本上延续了这一风格。但是，经历了"文革"磨难之后，孙犁的文风有了非常显著的变化。从之前的美和善的歌者，从白洋淀的抒情诗人，变成了对世情人情的感伤批判者，对现实更充满了悲观情绪。显然，"文革"经历使孙犁对美和善的幻想受到了致命的冲击，导致了其文学抒情世界的坍塌和毁灭。

相比于孙犁，胡石言虽然没有遭遇那么多的苦难和波折，但因此而对世界产生的看法发生变化是一样的，对创作抒情风格的影响也是一样的。虽然不能说抒情就比理性好，但是从创作风格与作家个性的契合角度说，抒情无疑更适合孙犁和胡石言。那么，抒情的缺失对于他们创作的影响也是失多于得。就胡石言来说，其晚年创作影响力的下降与抒情风格的缺失也有直接关系。

胡石言小说特色之二是故事性。

胡石言曾经说过自己对小说的理解："我不写没有故事的小说。"而几乎每一个对胡石言作品进行批评的评论家都会注意到其小说的故事性特点，并都将这一特点与胡石言受到的中国古代小说的影响结合起来。特别是方全林的《论石言的小说》一文论述非常细致准确。这里主要转述该文章的观点。

确实，胡石言的小说艺术与他研究中国古代小说的父亲，与他从小就大量阅读中国传统小说有关。中国传统小说的故事型叙事方式影响了他整个的小说创作生涯，在其小说艺术中也可以清晰地看到许多传统小说的艺术特征。当然，少年胡石言也阅读了很多西方小说，包括西方现代小说，但他的文学趣味应该在这之前就基本确定，也就是说，他对西方小说的阅读选择和认同基本上是建立在中国传统小说价值观念的基础之上的。所以，在少年时，他最喜欢阅读的是《基督山伯爵》《小妇人》这样故事性强的作品，他起步阶段的小说也同样追求情节曲折，善于制造悬念。

典型当然是他的代表作品《柳堡的故事》《秋雪湖之恋》。虽然这两部作品，特别是第一部作品受到社会大众欢迎还有文学之外的其他因素。比如说，《柳堡的故事》与其所诞生的时代有直接关系，在那个文化严重单一、思想限制严厉的时代，作品某些方面的突破是它受到大家关注的重要原因。但是，故事型的构架方式是这种关注的重要基础。

这一点，与"十七年"时期整个社会的审美标准完全一样。现在看，"十七年"是中国新文学历史上与大众关系最密切的时期。其原因很大程度就与当时的审美原则有关。通俗的语言、曲折的故事，使当时的文学作品很容易被读者阅读，在审美上也符合他们接受的传统通俗文学模式，从而避免了读者看不懂的重要难题，能够得到他们的欢迎。

虽然在今天，故事类的小说已经受到严重贬斥和边缘化，但是实际上，这种倾向还存在一定的疑问。换言之，当前文学（包括小说）与社会大众严重疏离，没有充分考虑读者的接受习惯是重要原因。

就小说而言，中国传统小说以故事见长，也因此而进入民间大众文化。即新文学历史上，真正拥有广泛读者、产生较大社会影响力的作品，也无不与故事性有关。如现代文学时期的《子夜》《家》《啼笑因缘》等，当代文学中的《白鹿原》《平凡的世界》等。虽然不能单纯以读者多少来决定文学作品的质量，但是，从社会影响力角度考虑，文学读者还是新文学发展需要重视的一个重要因素。毕竟，从思想启蒙角度说，只有读者读了，才可能影响到他，才可能对他产生启蒙的效果。否则，道理再好，人家不读，又如何有效果呢？

所以，故事性需要作家们重视，需要广泛借鉴和吸收所有传统和现代文学的优秀叙事技巧。这当中包括中国传统的，也包括古代和现代西方的，也包括其他东方文学的。将故事性因素发挥得更完美更充分，使文学（首先是最有社会影响力的叙事类小说）真正走向大众，走向社会。我们不能因为政治理念的限制而忽视了胡石言的艺术追求和艺术能力，更不能因此而忽视故事对于小说艺术的意义。

当然，与"十七年"所有的小说一样，胡石言的故事小说还并没有达到这一艺术的高峰。

特别是由于受题材和主题的太多限制，其部分作品的故事缺乏足够的生活真实性，作家思想介入的痕迹比较重。这一点，可以举胡石言的战争小说，也就是人们常说的"红色经典"为例。《子弹》《"团长"历险记》这样的作品虽然有意制造故事的曲折，但是作品并没有深入揭示战争的真实细节和人物的多方面内心世界，因此，战争真正的残酷和伤害没有充分展示出来，因此，作品中那些故事的曲折和悬念，就会显得轻飘飘，缺乏足够的重量，更难以显示出生活真正的复杂和严酷。

早有学者对这一缺陷进行了批评："他是一个编故事的能手，他作品里的故事大都合情合理，但也有个别故事人为的痕迹比较明显。……另外，他的小说情节基本上都按照格式的开端、发展、高潮、结局的次序排列，而高潮部分一般都安置在作品进行五分之四的地方，然后是意外的结局。单独看颇为吸引人，但如果几篇摆在一起，读者就会有结局雷同、缺乏变化的感觉。"[1] 虽然不能说胡石言的每篇作品都如此，但总体上还是切中其缺陷的。

事实上，正如有许多学者已经指出过的，这一缺陷是"十七年"所有"红色经典"作品根本性的匮乏。虽然它们在艺术上有一定探索和成就，甚至在部分程度上对以往新文学作品有所超越，但是，这种缺陷还是在根本上制约了其文学史价值。

所以说，胡石言故事小说存在的不足，并不是因为胡石言的艺术能力，而恰恰相反，是因为他太想要精彩的故事了。而这种故事又需要统一在大的政治主题之下，为其服务。换言之，他所希望达到的目标，是在服务于政治的大前提下，努力做到故事的精彩。它的出发逻辑不是生活，而是政治理念。他所追求的，不是真正的生活化的精彩和生动，而是统一在政治主题下的精彩和生动。这样的文学构思和写作方式，应该说是背离于文学创作的基本原则的。也正因此，胡石言的许多故事，谈精彩似乎有余，谈感染力却有所不足。

在这个意义上说，不是故事型小说对胡石言的文学成就构成了制约，而是理念先在地影响了故事的形成和发展，是思想制约了艺

---

[1] 曾华鹏：《论石言的小说》，《钟山》1985年第6期。

术表现。小说需要故事，但不能停留于故事。如果将小说技巧停留在故事层面，缺乏更多的变化追求，特别是因此而忽略对思想性的追求，那不管怎么说都是一种不足。胡石言当然不属于这种情况，他是走向另一个方面，就是故事过于集中在为主题服务的理念中，导致主题太强大而且意图太明确，影响了故事的自然发展。

此外，胡石言的小说还有比较切近现实生活的特点。胡石言的小说创作虽然融入了他的想象和虚构，但大多都有现实原型或较具体的故事来源。他早期的战争题材小说多来自他的亲身经历，以及在新四军中的所见所闻。晚年的创作也多有所源。如书写"文革"生活的小说多取材于身边生活。《结婚比赛》等反映改革开放后农村面貌的作品，则大多取材于胡石言妻子的家乡——江苏无锡埝桥发生的故事。改革开放后，这里发展快，变化大，产生了不少新鲜事物，引发了胡石言的创作兴趣。由此可见，胡石言是一个热爱生活、关注生活的作家，他的创作中融入了他的生命体验，也是他真实思想和心灵的写照。在这个意义上说，"文如其人"，是很合理的。以其人和作品来观照时代，也确实很恰当。

II 批评与历史记录

最后，再介绍一下评论界和学术界对胡石言的评论和研究情况。

胡石言的文学创作从1950年开始，虽然处女作《柳堡的故事》给他带来了很大声誉，但他毕竟还是一个初出茅庐的青年作家，特别是之后迅速转入电影改编工作中，相当长时间没有新作，因此，当时评论胡石言作品的文章不多，与他有关的评论主要集中在电影《柳堡的故事》上，如杨果《坚决让个人利益服从革命利益——〈柳堡的故事〉观后》、贾霁《动人的故事，可喜的成就》、杨天喜

《〈柳堡的故事〉从小说到影片》、竹可羽《评〈柳堡的故事〉》等，这些评论主要针对电影作品，部分会涉及作为编剧之一的胡石言。

真正系统关注和关注胡石言作品，是在"文革"结束以后。其中，著名评论家陈辽是胡石言比较密切的朋友，他也是最深入评论和研究胡石言的学者。他为《石言文集》所做的序言，饱含着对朋友的思念，却又客观地指出了胡石言创作上的局限。

另一个比较全面关注胡石言创作的评论家是方全林，他撰写的《论石言的小说》，是一篇全面论述胡石言创作的长文。文章对胡石言的出生成长和整个创作历程，都有非常细致的介绍，也有相当深入中肯的评价。这应该属于胡石言研究中最用力，也最有深度的文章之一。此外，曾华鹏的《论石言的小说》和黄毓璜的《霜叶红于二月花：石言小说漫评》，也是比较有深度的文章。曾华鹏的文章立足于比较高的要求，指出了胡石言创作的某些不足，黄毓璜则对胡石言前后期的创作进行了宏观的比较和分析，指出了他在取材、思想和形式方面的走向。评论家费振钟也从艺术审美角度，对胡石言的几部作品进行了全面论述，撰写了《摇曳多姿的艺术笔墨——评石言的四篇小说》，朱向前《关于石言的文学批评》则对胡石言的文学思想做了专门评述。

此外，针对胡石言晚年创作《秋雪湖之恋》《漆黑的羽毛》《魂归何处》等重要作品，不少著名批评家撰写了批评文章。陈辽《发现·表现·显现——读〈胡"司令"赴宴〉》是其中较早的一篇。此后，丁柏铨发表了《"信鸽"渴望展翅翱翔》评论《漆黑的羽毛》；潘旭澜发表《崇高的爱之歌——谈小说〈秋雪湖之恋〉》，裴显生发表《特殊环境中的特殊斗争——评石言的〈秋雪湖之恋〉》，对《秋雪湖之恋》的思想和主题给予阐发；胡德培则为《魂归何处》撰写了《军人形象的新创造——读石言的短篇小说〈魂归何处〉》重点评述了小说中的人物塑造艺术。

以上评论的撰写者，主要的是江苏省内的文学评论家，此外还有几位上海评论家和部队评论家。概而言之，关注晚年胡石言文学创作、进行作品和作家评论的批评家和学者，基本上局限在江苏、上海以及军队范围，反映出其创作影响力主要在省内和军内，虽然有一定的全国性影响，但还不属于全国性有较大影响的作家之列。

1990年代后，随着胡石言生病、去世，他逐渐淡出文坛。包括《石言文集》的出版，也没有产生太大的影响。

但是，对胡石言的回忆和怀念文章还是时时可见，对其为人和为文都普遍性地给予了肯定，也不乏中肯而客观的分析。

著名评论家陈辽撰写的纪念文章《是作家更是个党员：永怀石言》最为周密，几乎可以算是一篇胡石言生平创作的小传记。文章既全面介绍了胡石言的创作历程，又充分剖析了胡石言性格上的复杂性，于真诚中见深刻，于细致中见深情。此外，著名军旅作家徐怀中也撰写有怀念性的文章《石言留下的遗憾》，细致地回顾和高度评价了胡石言的《柳堡的故事》，认为该作品"应该被列入新中国文学报晓之作的排行榜"，并概括了胡石言的整体创作特征，特别表达了对胡石言未能完成其计划中的长篇小说而感到遗憾。此外，冯亦同的《无言的祝福》《柳堡桥头送石言》，董保存的《永远年轻的石言》，朱培华的《"柳堡—丁山"：一段永恒的纪念》等，也都追忆了胡石言生活和工作中的往事，表达了对他深切的怀念之情。

2015年，江苏省作家协会组织编写和出版了"江苏作家研究文库"，收录了包括胡石言在内的八位作家。这是一项非常有意义的作家资料搜集整理工作，也让人们有机会更全面地重新认识胡石言。

《胡石言研究资料》由人民文学出版社2016年10月出版。编选者是南京师范大学的青年评论家、副教授沈杏培博士，他对胡石言的创作材料做了系统的整理和搜集，并撰写了全面论述胡石言文学创作的文章，对其创作历程做了细致梳理，对其创作特征分析精到而细密，为胡石言研究做出了很大的贡献。

正是在《胡石言研究资料》出版的背景下，研究界又重新激发了对胡石言创作研究的兴趣，有新的研究成果发表。南京师范大学的周银银《重评军旅作家胡石言》一文，立足于较新颖的理论视角，指出胡石言1985年后创作被学界低估的现象，并从故事诗学、人物心灵、情感书写和色彩运用的角度，论述了胡石言几部代表性作品的价值，给予了充分的肯定和褒扬。

作为一个已经成为历史的作家，胡石言作品被收录进文学史、电影史的情况也许更值得考察。

其中，对胡石言关注较多的是在电影史领域，主要针对的是由他作为编剧之一的电影《柳堡的故事》。比如，陈荒煤主编的《当代中国电影》从军事电影角度给予了作品很高的评价，并阐释了影片的艺术特点："编导者采用两种军事题材影片中少见的艺术手法，以舒缓、委婉的抒情基调，精确地描画人物的感情，深入地开凿人物的心灵。"① 这是新时期电影史著作最早给予《柳堡的故事》历史性肯定。

之后，电影史学家封敏《中国电影艺术史纲》更着力于作品在思想内涵上的突破，认为影片："选材的角度新颖独特，主题提炼别出心裁，表层现象是新四军战士李进与农村姑娘二妹子的爱情故事，本质却并不局限在个人爱情的狭小天地里，而是通过这一爱情故事揭示了具有深远社会意义的主题。"② 孟犁野《新中国电影艺

---

① 陈荒煤主编：《当代中国电影》，中国社会科学出版社1989年版，第142页。
② 封敏：《中国电影艺术史纲》，南开大学出版社1992年版，第316页。

术史稿：1949—1959》则结合当时的艺术文化背景，指出影片是"首开革命抒情诗风格先河的清丽之作"。①

相比于电影《柳堡的故事》被收录进多部中国电影史，文学史却基本上没有涉及这部作品。只有那些设有"电影"专章的文学史，在介绍电影创作时会提及电影《柳堡的故事》和编剧胡石言。尽管如前面的分析，《柳堡的故事》小说的思想高度和艺术价值都更为突出，但是，文学史方面著作没有对《柳堡的故事》小说作专门介绍的，在作家创作板块，也没有当代文学史对胡石言进行专门介绍。

在当代文学史上，胡石言和《柳堡的故事》这种情况不是个案，而是比较常见的现象。也就是说，一些作品在改编成电影之后，电影作品的影响力和地位要高于小说原作。像电影《李双双》的影响力就超过了小说《李双双小传》，《达吉和她的父亲》《苦菜花》《小兵张嘎》等也都是这种情况。

这一方面的原因是，"十七年"时期的电影艺术还不是很独立、很发达，它们大多改编自文学作品，而且，当时的电影作品本就不多，整体上的创作质量也不高，因此，其中相对优秀的作品就比较容易脱颖而出，并留存于这时期电影历史中。相比之下，文学创作的历史更悠久，传统也更深厚，作品的数量更多，质量也更高，能够进入文学史自然难度更大。同时，《柳堡的故事》所诞生的"十七年"文学，从整个新文学历史看，是处在成就较低的时期，与之前的现代文学时期和之后的1980年代相比都要逊色，因此，其中的绝大部分作品都被排除在文学史之外，真正能够进入文学史的作品不多。这是时代的局限，也是时代的特征，是任何门类作品经典

---

① 孟犁野：《新中国电影艺术史稿：1949—1959》，中国电影出版社2002年版，第191页。

化过程中都不可避免的阶段。

另一方面，也与艺术门类有关。小说是单一的语言艺术，电影则是综合艺术。小说是胡石言的个人创作，电影则融入了另一编剧黄宗江，尤其是导演和演员们的贡献，而且，胡石言除了《柳堡的故事》之外，基本上没有介入其他电影创作中，因此，他的主要贡献不是在电影编剧方面。特别是近年来，电影界更加重视演员的表演和导演的艺术，编剧的位置越来越不重要，很多电影甚至根本就没有文字版剧本。这种对电影艺术的理解方式正在改变电影的发展，也在影响着电影历史的书写。

应该说，文学史的甄选基本上是符合胡石言的文学实绩和文学地位的。他早期的《柳堡的故事》尽管名声很大，但是从纯文学角度说，确实不能算是杰出之作。晚年的《秋雪湖之恋》也没有超越时代，成为卓越之作。《魂归何处》具备了更高的文学品质，但在此时，文学界的视野已经远离了这一代作家，聚焦到了更年轻的新生代作家身上，所以，作品没有获得应有的关注。特别是由于胡石言晚年精力分散在传记文学上，个人的小说创作数量却相当有限。而尽管他在传记文学方面花费了大量精力，却主要是集体创作，在作品中难以见到作为主持者的胡石言的真正个人性特点。所以，尽管晚年胡石言的思想已经具备了创作出更优秀作品的基础，艺术上更是有丰富的积累和创新探索，却最终没有给人们留下真正的卓越之作。这与胡石言本身所具有的文学才华不相对称，却是客观的事实。

从这个方面说，在今天认识胡石言的价值，也许主要不在纯文学层面，而是在他作为作家的成长和创作历史层面；不在他文学作品的纯粹艺术层面，而是他个人创作在文学史中的思考价值。

事实上，胡石言作为作家的成长轨迹中，值得思考和探究的地方不少。比如，他早年的文学素养与他晚年思想和创作发展之间的关系。胡石言的晚年是他文学创作的真正高峰，尽管未能充分发展，但基本上已经抵达了他可能抵达的高度。在这一阶段创作中，我们可以清晰地感受到他早年文学阅读和写作对他的影响。由此可见一个作家早年成长对其创作影响的深刻和牢固。

胡石言晚年的思想转型也很值得探讨。因为这种情况不是个案，而是很普遍的现象。胡石言，以及比他更年长或略年轻的作家们，大都在晚年经历了较大的变化。这当然主要来源于时代变化的巨大冲击，无论是从文学还是文化角度，"文革"后十几年的变化太迅捷也太巨大，他们所感受到的震撼要远超过年轻人，就像长期生活在温室的植物一旦见到真正的阳光一样。这其中，有人承受住了考验，成就了新的"涅槃"。但更多的人是被现实击倒，在不习惯、不满意的愤懑心情中度过余生。胡石言从方向上属于前者，但又没有完全化为现实。他有许多新的创造和发展，但并没有实现真正的"新生"。就文学史来说，这种情况也自有其典型性意义。

探讨这些问题，不只是能够帮助我们更深入地认识胡石言本人，也能够帮助我们更好地认识中国当代文学乃至整个中国新文学，认识中国的当代社会和历史。

从文学史角度说，要成就一个优秀作家并不容易。从个人方面说，才情、毅力、阅历、兴趣，缺一不可。从社会方面说，基本的物质生存条件，自由的生活环境和心态，也都不可缺少。不能完全否定胡石言的成长环境，但局限、限制确实是存在的，特别是与胡石言谨慎小心的性格特点结合起来看，更是如此。因此，他的才华未能在他的有生之年得到充分的展示，他也未能在文学史上留下自己独特的足迹。

这是时代的遗憾，也是个人的遗憾。

当然，在总体上，我还是主张不苛求艰难时代的作家，特别是对他们的创作成就要持更宽容的标准和态度。确实，与时代相比，个人太渺小，受到的影响和限制太大，后人也许可以轻松地评价，但身在其中，束缚之大，突破之难，置身事外者是难以体会到的。事实上，在任何时代都存在各自不同的束缚和限制，只是方式不同而已。要真正能够突破这些限制者，往往需要非一般的心力，也只有真正卓越之士才能做到。而正常情况下，绝大多数人都只是庸常之辈。

  我们也许只能将更多的期待给予时代的发展和更新。时代文学艺术的繁荣是文明发展的结果，它需要多方面的因素滋育。比如外在环境的和平，较高的国民素质，以及较高的文化地位，思想和文化上的自由度，等等。如此昌明的社会环境，自然能够滋生优秀的作家和文学作品，能够造就更优质的文明成果。我们期待着这样的好时光。如此，前代人的卑微、忍耐和缄默，特别是艰难、努力和牺牲，也就有了自己的意义。

胡石言创作年表

1940 年开始创作，曾在《大晚报》《知识与生活》等报刊发表散文、短篇小说数篇。

1944 年
《子弹》（小说），《苏中报》1944 年 3 月 16 日。
《清乡谣》《卡尔宾》（歌曲），作词；长诗《八位英雄》，剧本《还是你们好》《一切缴获归公》，文艺通讯《特级英雄袁金生》《模范第一班》等，在《苏中报》发表或演出。

1946 年
《由世界的女伟人：自由女神素描》（文论），《雄风》1946 年第 1 期。

1950 年
《柳堡的故事》（小说），《文艺杂志》1950 年第 3 期。《新华月报》转载，被翻译成英、印、匈、德等各国文字。

1956 年

《星星》（小说），《解放军文艺》1956 年第 4 期。

1957 年

《翠莲》（小说），《文艺月报》1957 年第 8 期。

《春江夜雨》（小说），《解放军文艺》1957 年第 5 期。

《门板》（小说），《雨花》1957 年第 9 期。

《血战黑水塘》（小说），1957 年 8 月创作。后收入《石言文集》第 2 卷。

《评〈红日〉，论英雄》（文论），《赞〈红日〉，颂英雄——〈红日〉评论集》，作家出版社 1959 年 1 月版。

《柳堡的故事》（短篇小说集），上海文艺出版社 1957 年 11 月版。

《"小研究"》（小说），少年儿童出版社 1957 年 10 月版。

1958 年

《"红日"的人物》（文论），《解放军文艺》1958 年第 7 期。

《党·集体·作者——〈柳堡的故事〉创作的体会》（文论），《中国电影》1958 年第 10 期。

《柳堡的故事》（电影文学剧本），与黄宗江合作，中国电影出版社 1958 年版。

《战士诗歌万万篇·序诗》（诗歌），《雨花》1958 年第 8 期。

《九九艳阳天》（歌曲），作词，与黄宗江合作，《歌曲》1958 年第 2 期。

《新连长》（歌曲），作词，《解放军歌曲》1958 年第 10 期。

1959 年

《大江东去》（歌剧），演出。

《读"风雪春晓"——"风雪春晓"序言》（文论），《雨花》1959年第8期。

1961年
《广阔的天地 英雄的人物》（文论），《解放军文艺》1961年第1期。

1962年
《红丫头》（小说），《人民文学》1962年第4期，英文版《中国妇女》译载。
《"团长"历险记》（小说），《解放军文艺》1962年第5期。
《狂风暴雨日》（小说），与冠潮合作，《解放军文艺》1962年第11期。

1963年
《还我头来》（小说），与冠潮合作，《解放军文艺》1963年第6期。
《反映现实生活 塑造新人形象》（文论），《四川日报》1963年12月8日。
《南京部队组织戏剧创作的几点体会》（文论），与何秋征、潘井合作，《人民日报》1963年10月13日。

1964年
《我虽然不是好八连的战士》（歌曲），作词，《歌曲》1963年第8期。

1965年
《接战旗》（歌剧，合作），演出。

1966 年

《虹桥》(歌剧,合作),演出。

1978 年

《珍珠》(小说),《解放军文艺》1978 年第 6 期。

《毛主席的旗帜太阳红》(歌曲),作词,《解放军歌曲》1978 年第 12 期。

1979 年

《百万雄师下江南》(组织编写修订),江苏人民出版社 1979 年 11 月版。

《决战淮海》(主编),江苏人民出版社 1979 年 4 月版。

《反击前进》(歌曲),作词,《解放军歌曲》1979 年第 4 期。

1980 年

《贯彻"双百方针",繁荣文艺创作(笔谈会):努力提高军事文学水平》(文论),《钟山》1980 年第 1 期。

《眼睛的差异》(散文),《解放军文艺》1980 年第 1 期。

《革命军事文学大有可为》(文论),《解放军报》1980 年 3 月 30 日。

《从镜子说到思想改造——谈作家正确认识生活和反映生活》(文论),《解放军报》1980 年 6 月 10 日。

《苏联短篇小说五篇:候补宇航员》(翻译),维·斯捷潘诺夫原著,《世界文学》1980 年第 4 期。

1981 年

《天上掉下客人来》(散文),《解放军文艺》1981 年第 1 期。

《胡"司令"赴宴》（小说），《雨花》1981年第5期。

《新四军故事集》（纪实文学，主编），江苏人民出版社1981年9月版。

《戎马半生战士歌——记"沈亚威作品音乐会"》（散文），《解放军报》1981年第6期。

1982年

《漆黑的羽毛》（小说），《雨花》1982年第9期。《新华月报》《小说选刊》《南京日报》转载。

《士兵，不是绿色的机器人》（文论），与方全林合作，《青春》1982年第6期。

《青春常在，永不下鞍——介绍著名作曲家沈亚威》（散文），《歌曲》1982年第4期。

1983年

《江江的"香格里拉"》（小说），《解放军文艺》1983年第9期。

《秋雪湖之恋》（小说），《人民文学》1983年第10期。《新华月报》《小说选刊》《小说月报》转载。

《在挚爱的大地上飞翔——〈秋雪湖之恋〉创作体会》（文论），《小说选刊》1984年第1期。

《决胜华中一局棋（上）》（传记文学），与吴克斌合作，《星火燎原》1983年第1期。

《决胜华中一局棋（中）》（传记文学），与吴克斌合作，《星火燎原》1983年第2期。

《决胜华中一局棋（下）》（传记文学），与吴克斌合作，《星火燎原》1983年第3期。

《陈毅北渡》（传记文学），与吴克斌合作，战士出版社 1983 年 8 月版。

1984 年

《生活与想象——〈秋雪湖之恋〉创作体会谈》（文论），《写作》1984 年第 5 期。

《陪同——田红莲外传之一》（小说），《雨花》1984 年第 7 期，《小说月报》转载。

《魂归何处》（小说），《人民文学》1984 年第 8 期，《新华月报》《小说选刊》转载。

《〈魂归何处〉创作体会》（文论），《小说选刊》1984 年第 11 期。

1985 年

《纯金菩萨》（小说），《西湖》1985 年第 10 期。

《夜来香开放的时候——田红莲外传之二》（小说），《钟山》1985 年第 6 期。

《美食家速写》（散文），《文汇》1985 年第 12 期。

《"演习文学"的崭新收获——〈爱与恨的交织〉序》（文论），《解放军文艺》1985 年第 5 期。

《民歌的营养》（文论），《当代文艺探索》1985 年第 5 期。

《我这一辈子（代小传）》（自传），《钟山》1985 年第 6 期。

《面对大海的沉思——关于创作问题的通信》（通信），与胡德培合作，《人民文学》1985 年第 2 期。

《哀军北渡》（传记文学），与吴克斌合作，解放军文艺出版社 1985 年 9 月版。

《秋雪湖之恋》（短篇小说集），上海文艺出版社 1985 年 10

月版。

1986年

《元帅之路》（传记文学），《中华英烈》1986年第4期。

《艾煊作品笔谈：个人命运和巨大斗争的结合》（文论），《江海学刊》（文史哲版）1986年第2期。

《叙利亚散记》（散文），《雨花》1986年第1期。

《"中子星"——关于发展和深化中国军事文学的对话》（文论），《解放军文艺》1986年第9期。

《阿尔及利亚散记》（散文），《昆仑》1986年第2期。

《关于〈屠户〉的通信》（通信），《山东文学》1986年第12期。

《军事文学与文化心理》（文论），《人民日报》1986年9月15日。

《陈毅元帅的故事》，主编，新蕾出版社1986年5月版。

1987年

《他找到了自我——评〈五色土〉》（文论），《作品与争鸣》1987年第12期。

《年年七夕》（小说），《中国作家》1987年第5期。

《将军的日记》（小说），《家庭》1987年第10期。

《采得豪情铸英魂——谈〈陈毅传〉编写组二女将》（文论），《昆仑》1987年第3期。

《〈皖南事变〉序》，《皖南事变》，上海文艺出版社1987年版；1987年12月《文艺报》摘载为《〈皖南事变〉的突破和启示》。

1988年

《找米下锅》（文论），《解放军文艺》1988年第6期。

《我爱强意识》（文论），《北方文学》1988年第8期。

《拥抱你的客体吧》（文论），《文学报》1988年7月7日。

《"三山计划"及其他——我看〈皖南事变〉》（文论），《当代作家评论》1988年第6期。

《纪念陈野耘同志》（合著），《大江南北》1988年第5期。

《一个梦想——从写作陈毅传记想到的》（文论），《文艺报》1988年3月21日。

《〈五色土〉作品讨论会纪要》（文论），《青春丛刊》1988年第1期。

《台湾风云人物 上》，与木申合编，湖北人民出版社1988年11月版。

1989年

《关于文学和人的思考》（文论），《人民日报》1989年1月10日。

1990年

《壮美的史笔——读杜平回忆录〈在志愿军总部〉》（文论），《人民日报》1990年7月19日。

《元帅的深思》（传记文学），《解放军文艺》1990年第10期。

《威光闪闪的眼睛：读电视文学剧本〈罗瑞卿与郭兴福〉》（文论），《文艺报》1990年10月27日。

《自行车宣叙调》（散文），《东海》1990年第1期。

《写中华莫忘写农民》（文论），《文学报》1990年4月。

《"老虎团"的文化兵》，收入《从硝烟中走来》，上海市新四军历史研究会、江苏省文学艺术界联合会编，南京大学出版社1990年12月版。

1991 年

《不作两极跳跃》（文论），《解放军文艺》1991 年第 6 期。

《陈毅传》（传记）（合著），当代中国出版社 1991 年 8 月版。

1992 年

《大爆炸》（小说），《昆仑》1992 年第 1 期。

1993 年

《探索：和毛泽东朱德在湘赣闽粤》（传记文学），与罗英才合作，解放军文艺出版社 1993 年 3 月版。

《三百万颗民族心》与颜辉合编，枫亚著，江苏文艺出版社 1993 年 9 月版。

1994 年

《21 世纪的兵：指导员陈斌讲的故事》（小说），《西南军事文学》1994 年第 3 期。

1995 年

《新上海第一任市长——陈毅（上）》（传记），与吴克斌合作，《紫光阁》1995 年第 9 期。

《新上海第一任市长——陈毅（续）》（传记），与吴克斌合作，《紫光阁》1995 年第 10 期。

2001 年

《石言文集》（三卷本），解放军文艺出版社 2001 年 3 月版。

后记

说实话，一开始接受为胡石言写评传的任务，多少有些犹豫。任何一个在大学任教的人都知道，主宰着这个时代学者的，是各种科研任务、科研指标，而一本人物评传是难以被科研评价体制所认可的。

促使我接下这个任务的因素有好几个。其中有一个纯粹的个人因素，就是童年时期与《九九艳阳天》这首歌的特殊"缘分"。那应该是上世纪70年代中期，我的一个堂叔在我面前哼唱了几句歌，我不知道歌的名字，只觉得好听，于是就央求他教给我几句。然而，当我回到家，正准备兴高采烈地给家人"汇报"时，却挨了当头一棒。刚唱了第一句，母亲的耳光就打在了脸上，而且还一脸惊惧地叮嘱我一定不能在外再唱。在那种背景下，如果有人想抓你辫子，唱"黄色歌曲"就是一条无法洗刷的罪状，哪怕我当时还是一个不满十岁的小孩。

后来很快这首歌就被解禁，而且我也很少在公共场合唱歌。但因为挨打的事，我对这首歌的记忆就特别深刻。上大学时候，又怀着很高的期待看了电影《柳堡的故事》。说实话，也许是因为见识多了一些，我对电影的感受并不算特别深。不过直到今天，我在内心里对那个时代那些有"异端"色彩的作家和作品一直怀着敬意，敬重其中蕴含的个性追求和独立精神。

当我真正接下这个任务，系统地阅读了胡石言的作品，了解到他的经历和为人之后，感受就更多，也更为复杂。正如我在评传前言中说的，通过写这部评传，我增加了很多对当代历史的感性认识，这次写作对我也是一次有意义的思想成长和精神历练。所以，承担并顺利完成了这一写作任务，我是愉快而高兴的。在此，需要特别感谢当初给我安排任务的丛书主编丁帆师，还有江苏当代作家研究中心常务副主任张王飞先生。

另外还需要感谢传主胡石言的家人——他的遗孀余金芬老师和女儿胡月女士，以及胡石言的生前好友冯亦同、罗英才先生等。特别是余金芬老师，不厌其烦为我讲述她与胡石言的往昔生活记忆，给我提供了大量的第一手资料，更让我深切感受到她心中那种超越时空限制的美好感情。这种感情使严酷的历史和现实顿生温暖，也让我的写作过程更具温馨之感。上述诸位提供的帮助，是我顺利完成写作任务的重要基础。在此一并表示感谢。

一项工作完成了，又有无数新的工作在等着。但只要是有意义的工作，总会在心中留下美好的记忆，给人生划下一道美丽的印痕。是为后记。

贺仲明

2019年6月23日于羊城寓所